BUSCANDO EL CAMINO A CASA

Yarimar Padua

BUSCANDO EL CAMINO A CASA

Por Yarimar Padua

© 2019 Yarimar Padua

ISBN: 978-1689840460

Diseño de portada por Alexis Rivera

A mi hermano Omar Padua y a Bolito: dos seres que me enseñaron que el amor trasciende las formas y los cuerpos.

NOTA DE AUTORA

Esta novela está inspirada en un gato muy especial que fue parte de mi familia. Sin embargo, no todos los eventos que se relatan son reales.

Cuando un animal no humano llega a nuestras vidas, a veces es difícil conocer su pasado. Bolito era un gato adulto de unos cinco años cuando llegó a nuestra casa. Utilizando mi imaginación construí unas historias para llenar ese espacio de vida al cual no tuvimos acceso.

Los relatos sobre Bolito luego de llegar a la casa son un reflejo de la vida real de este felino. Añado a estos hechos otras historias, también creadas con la ayuda de mi imaginación a modo de integrar las posibles vivencias y aventuras con los demás gatitos, y explicar el comportamiento de estos hermosos seres, que nos puede parecer tan misterioso.

ÍNDICE

SOÑANDO

La inyección cargada del líquido anestésico perforó la piel del gato. La mesa de acero inoxidable se sentía fría, pero él no temblaba. No sentía miedo. Conocía lo que le iba a suceder. Sabía que su familia lo amaba, y que se encontraba en ese lugar porque había llegado la hora de hacer lo que era correcto para muchos e incorrecto para otros. Su familia y el veterinario estaban convencidos de que lo hacían por su bien. Ahora su cuerpo se sentía liviano, sus párpados se cerraban y los recuerdos de su difícil y fantástica vida se convirtieron en los protagonistas de su sueño...

CLAUDIA Y JAIMY

—Parece ser una buena casa, pero no es la que estoy buscando. No es el hogar al cual pertenezco —pensaba el delgado y sucio minino—. Si les caigo bien y maúllo de manera tierna, podré conseguir algo de comer para continuar mi camino.

Era el mayor de la camada, el sabio, el sobreviviente que aún se encontraba luchando por su vida y en busca de su hogar. Se consideraba un gato sin nombre, sin identidad, perdido entre caminos, pero con vida; un ser de cuatro patas que apreciaba más la vida que cualquier ser humano privilegiado. El sufrimiento lo había engrandecido. Le tocó ver a su madre y a uno de sus tres hermanos morir atropellados por un camión. Sus dos hermanitas fueron víctimas de dos perros, y él, en el intento de defenderlas, perdió un pedacito de su oreja izquierda. Logró darles su merecido a los dos perros, pero le dejaron en su oreja el mal recuerdo de la pérdida de sus hermanitas. Gracias a esas tragedias siempre se encontraba alerta, y cuidando lo más preciado que le quedaba: su vida.

—¡Miau! ¡Miau! —maullaba frente a la puerta de la casa que había estado vigilando.

—¿Eso es un gatito? —preguntó una joven mujer que se encontraba dentro de la casa.

—¡Yo quiero ir a ver! —gritó un niño con voz emocionada.

—Jaimy, debes almorzar. Luego veremos.

El pequeño desobedeció a su madre y salió de la casa para conocer al dueño de los tiernos maullidos. La madre abandonó lo que estaba haciendo para seguir los pasos de su hijo y también ver al minino. El delgado, y al mismo tiempo, fuerte felino esperaba con ansias la salida de los humanos. Su estómago gritaba por un poco de comida. La intuición le decía que en ese hogar iba a encontrar refugio y alimento. Y escuchar la voz de un niño lo hacía feliz.

—¡Eres muy lindo! —dijo Jaimy al ver al minino—. ¡Y qué lindos son tus ojos! —añadió.

—Jaimy, deberías estar comiendo. Recuerda que debes comer cada dos horas —el pequeño extendió la mano para acariciar al felino—. ¡No lo toques! No sabes si es pacífico. Yo lo voy a tocar. ¿De acuerdo? —sonreía mientras alejaba al niño del gatito.

—De acuerdo, Mamá, pero no te tardes. ¿No ves que el pobrecito tiene hambre? —dijo el preocupado pequeño.

—Está bien, cariño. Hagamos un trato: te lavas las manos y comes tu sabrosa comida que se encuentra en la mesa del comedor, mientras yo atiendo al invitado.

El niño de nueve años se dirigió al baño a lavarse, pero no dejaba de pensar en el hermoso felino. Cuando terminó de secar sus delgadas manos, las extendió porque notó que estaba temblando. Se empezó a sentir cansado y corrió hacia el comedor para sentarse a la mesa. Comenzó con un poco de postre para estabilizarse.

—Mamá tenía razón. Mejor no le digo nada. No quiero que se preocupe —dijo para sí.

Mientras Jaimy comía su comida con calma, Claudia se encontraba riendo y acariciando al minino. Se sorprendió por sus hermosos ojos. Su pelaje estaba adornado por tonos blancos y grises. Y su maullido era muy peculiar: un maullido fuerte, pero tierno y lleno de sentimiento, como si en él guardara todos los momentos tristes que había vivido. Mientras maullaba, no dejaba de acariciar su cuerpo con las piernas de Claudia. Entonces, la joven mujer entendió que el gato no la iba a atacar, pero había olvidado invitarlo a pasar para alimentarlo.

—Perdóname pequeñín, es que eres tan tierno que me quedaría toda la tarde aquí junto a ti. ¡Olvidé que debes tener hambre! —abrió la puerta para dejar que entrara.

El minino entró a la casa junto a Claudia. El color verde oliva de las paredes hacía que los bohemios cuadros y figuras resaltaran y llamaran su atención. Claudia estaba asombrada al ver al gato observar todo lo que había en la casa sin tocar o curiosear como suelen hacer los felinos. En la cocina se encontraba Jaimy, ya terminando su almuerzo y sintiéndose mejor. Su madre lo observaba sonriendo, sin decirle que el gatito ya estaba dentro de la casa. Jaimy se levantó a lavar los platos mientras Claudia apartaba una carne enlatada de la alacena.

—Mamá, ¿vas a preparar la cena tan temprano? —preguntó el pequeño, extrañado.

—No, cariño. La carne es para nuestro pequeño invitado —dijo Claudia señalando al minino, que se encontraba parado en la entrada de la cocina, mas sin entrar en la misma, como si hubiese una puerta transparente que no lo dejara pasar.

—¡Mamá, lo dejaste entrar! —exclamó Jaimy emocionado—. ¿Nos podemos quedar con él?

Claudia observaba los ojos de súplica de su hijo, acompañados de la mirada tierna del minino. Se concentró en girar la manivela del viejo abrelatas para obtener la comida del hambriento gato. Retiró dos pequeños platos de una colección de porcelana que había recibido por parte de una fallecida tía para el día de las madres, y que nunca utilizó, y sirvió la tan deseada comida y agua. El minino la observaba y sentía que la boca se le hacía agua. Llevaba días viviendo de la caza, pero eso no garantizaba una buena nutrición. Jaimy extendió las manos para que su madre le entregara el colorido plato con la comida, porque deseaba ser el afortunado de alimentar al gatito. Claudia le ofreció el agua y el jubiloso niño colocó en el suelo el plato lleno de comida enlatada. Entonces, se fascinaron al ver que el delgado felino no tomó su alimento inmediatamente, sino que levantó su cabeza para observarlos, emitió un suave maullido, y entonces comenzó a comer.

—Mamá, nos está dando las gracias —dijo Jaimy ante la mirada perpleja de Claudia.

—Estás en lo cierto, pequeñito —pensó el minino mientras comía con energía.

—Ven, vamos a dejar que coma tranquilo. Luego prepararemos un lugarcito para que se sienta cómodo y duerma —dijo Claudia sonriéndole a Jaimy.

—Mamá, ¿me estás diciendo que nos vamos a quedar con él? —se exaltó.

—¿Por qué no? Hace mucho que no tenemos una mascota.

Creo que podemos hacer algunos ajustes y ahorrar un poco para comprar su comida y llevarlo al veterinario —el minino se detuvo a observar—. ¿Qué crees? ¿Estás dispuesto a cooperar para que el gatito se quede? —preguntó Claudia a su hijo.

—¡Claro que sí! Haré todo para que se quede con nosotros.

Claudia vivía sola con Jaimy desde hacía siete años. El padre del niño amaba los deportes extremos y dejó su vida en una de sus aventuras. Claudia tomó muy mal la pérdida de su esposo. Fue muy difícil para ella recuperarse. Él era toda la familia que tenía, así que cuando partió, se quedó sola con Jaimy. Un año después, el niño comenzó a enfermarse, y Claudia, no teniendo ayuda para cuidarlo, tuvo que detener sus estudios. Trabajaba sirviendo mesas y haciendo trabajos de arte. Hacía unos seis meses que reanudó sus estudios. Ganó una beca por ser excelente estudiante, y con su trabajo se encargaba de poner comida en la mesa y manejar la salud de su hijo. La casa donde vivían la heredó de sus padres, que fallecieron mucho antes que su esposo.

—¿Cómo se va a llamar? —preguntó el pequeño.

—Estaba pensando en algo relacionado a lo que amo. ¿Qué te parece Pablo? —preguntó Claudia.

—Supongo que lo sugieres por Pablo Picasso. No me gusta el nombre de Pablo para un gato. Creo que Leonardo es mejor —dijo el niño.

—Hijo, eres increíble. Me encanta el nombre de Leonardo —acarició el cabello de Jaimy.

Claudia y Jaimy se dirigieron a la cocina para ver cómo se encontraba Leonardo. Se conmovieron al verlo sentado junto al platito de comida y agua, como si estuviese esperando a que le dieran permiso para moverse de ahí. El plato de comida estaba vacío y el de agua hasta la mitad. El camino antes de llegar a la casa de Claudia fue muy largo y agotador. El gatito estaba hambriento y se encontraba muy cansado. Los observó fijamente y lanzó un maullido.

—¿Qué te sucede? ¿Quieres más comida? —preguntó Claudia agachándose para acariciar su cabeza.

—Mamá, creo que debemos ir por comida de gato. No creo

que debamos darle más enlatados para humano.

—Sí, y tampoco tenemos esenciales para él. Vamos a tener que salir a comprar esas cosas —observó su billetera.

—¿Y mientras tanto? ¿Lo dejamos aquí solito? —preguntó el niño.

—Supongo que sí. Vamos a colocarle una cajita con papeles triturados por si necesita ir al baño mientras le conseguimos uno —sugirió—. Llévalo al sofá mientras yo preparo la cajita.

—¿Puedo cargarlo? —preguntó el niño.

—Claro que sí. Es un buen gato. Nunca te hincaría las uñas. Lo sé —sonrió.

—Vamos, Leonardo, te voy a llevar al sofá y mamá te va a hacer un pequeño baño mientras te compramos uno. Serás un gatito muy feliz —se dirigió hacia la sala con Leonardo.

Claudia y Jaimy se despidieron del felino y salieron de la casa a comprar los esenciales para él. Estaban muy entusiasmados. Leonardo utilizó el improvisado baño con mucho cuidado para no hacer ningún reguero. Luego se recostó en el edredón que Claudia le colocó en el sofá. Entonces comenzó a pensar en lo que estaba sucediendo.

—Ellos salieron a comprar esenciales para mí, pero yo no me puedo quedar aquí. El pequeño Jaimy me estremece el alma. Está tan entusiasmado con tenerme, pero no puedo quedarme. Esta no es mi casa —pensó.

Con la extraña cautela que lo caracterizaba, Leonardo se bajó del sofá para observar las fotografías que se encontraban por toda la sala. Vio fotos de Jaimy cuando era un bebito, de Claudia con su esposo, y de los tres juntos. Le llamó la atención ver una foto del esposo de Claudia en un envase de metal rodeado de unas flores blancas. Se acercó para leer lo que se encontraba grabado en el envase: <<George 1968—1991>>.

—Esta familia me necesita. Han pasado por muchos momentos tristes en su vida. Si me voy, les voy a romper el corazón. Pero si me quedo y luego me marcho, será peor —dirigió su mirada hacia el suelo—. Bueno, supongo que seré Leonardo por unos días.

No puedo dejar que me tomen mucho cariño porque van a sufrir mi partida. Yo no puedo quedarme. Tengo que seguir mi camino.

Leonardo regresó a su cama y cerró sus ojos para descansar. Luego de una hora de reposo despertó gracias al ruido de la cerradura de la puerta. Ya Claudia y Jaimy habían llegado a la casa, y muy emocionados desempacaron los artículos que compraron para el nuevo miembro de la familia. Leonardo se sentó en el sofá y observó todo lo que le habían adquirido.

—Tantas cosas para mí. Deben haberse gastado una fortuna que no tienen, y que además necesitan. No puedo irme ahora. No puedo ser malagradecido —pensó mientras olfateaba el bañito.

—Leonardo, aquí tienes comida para gato, tu propio baño, un transporte, … ¡y unos ratoncitos de tela para que juegues y hagas ejercicio! —dijo el niño.

—Miau —maulló haciendo sonreír a sus nuevos amigos.

—Vamos a preparar el espacio de Leonardo. Luego, usted jovencito, tiene que tomar su merienda —dijo Claudia acariciando el cabello de su hijo.

Leonardo observaba a sus nuevos amigos mientras preparaban su espacio. Nunca imaginó que fueran tan hospitalarios con él, teniendo en cuenta su aspecto de gatito callejero. Contemplaba con entusiasmo los ratoncitos de tela, y una extraña sensación de juego poseyó su cuerpo. Para los gatos no es extraño jugar, pero por alguna razón Leonardo no había podido reconocer ese instinto. Sintió que estaba llegando ese momento. ¿Jugó con su madre, su hermano y hermanas? Sí, claro que sí, pero no recordaba haber tenido la iniciativa. Más bien, cada vez que sus hermanos iniciaban un juego, él los seguía.

—Tal vez no viene mal quedarme aquí, después de todo. Por algo la vida me puso esta humilde casa rica en el camino. Debo aprender muchas cosas, y estos hermosos seres me pueden ayudar —pensó.

***

Jaimy tomó su merienda e hizo su tarea temprano para poder jugar con Leonardo. Claudia preparó una cena especial porque sentía que la llegada de ese ser tan lindo era un gran motivo para celebrar. Su hijo a veces se entristecía porque debido a su condición de salud, su madre tenía que cuidarlo mucho. Con Leonardo en la casa, ahora él también tenía a quien cuidar.

—Ya no se sentirá diferente. Ahora sabrá lo que es amar a alguien indefenso y querer protegerlo hasta el cansancio —pensó Claudia.

En la cena, Leonardo probó por primera vez comida de gato en sus platitos de porcelana. Jaimy y Claudia disfrutaban de sus alimentos y conversaban al mismo tiempo que observaban a Leonardo comer. Comentaban sobre cómo el felino volvió a emitir un maullido de agradecimiento antes de comer lo que le sirvieron.

—Sus ojos son tan lindos, mamá —lo observaba con ternura.

—A mí me sorprende más su mirada. Es extraña —agregó Claudia.

—¿A qué te refieres? —preguntó el curioso niño.

—No sé. Es como si guardara un secreto o tuviera un sufrimiento oculto. ¿Entiendes?

—No, mamá. No entiendo nada —la miró, confundido.

—No me hagas caso. Ni yo misma me entiendo —sonrió.

Jaimy y Claudia terminaron de cenar, recogieron la cocina y lavaron los platos. Leonardo ya se había dormido. Su viaje fue bastante pesado y sentía que por fin iba a poder descansar.

Cuando se fueron a dormir a sus respectivas habitaciones, cada uno exhibía una emocionante sonrisa. Claudia sentía que ya su hogar tenía lo que hacía falta. Jaimy se sentía responsable y útil. La felicidad de ambos era incalculable. Sin embargo, Leonardo gozaba de una emoción intermitente, porque sabía que esa no era la casa que estaba buscando, y en algún momento tendría que partir.

***

La mañana estaba hermosa. Era el mejor regalo que la naturaleza le podía dar a Claudia. Debía entregar en dos semanas una pintura para uno de sus cursos. Bastaba con salir al patio, enfocar la vista hacia cualquier lugar, y comenzar a inspirarse. Antes pasó a la recámara de

Jaimy para revisarlo. Dormía plácidamente junto a Leonardo.

Después de un mes de la llegada de Leonardo, Jaimy decidió que estaría más cómodo en su cama, al mismo tiempo que Claudia lo sugirió, pero a favor de ella. Para no discutir, llegaron a un acuerdo: cada uno tendría a Leonardo una noche. Jaimy pensó que por ser el más joven, le tocaba a él la primera noche. Claudia decidió perder para complacer a su hijo.

La sonrisa del niño tenía la capacidad de cambiar cualquier espacio sombrío. La felicidad de ver a su hijo dormir abrazado a su amigo felino, la regocijaba. No era el paisaje de la hermosa mañana lo que necesitaba para su pintura. La verdadera belleza era la que se encontraba contemplando en esa acogedora recámara. Guardó la imagen en su memoria y se marchó a preparar el desayuno.

—Panqueques para el chico y para mí, y veremos qué sabor le daremos hoy al pequeño Leonardo —dijo mientras preparaba la mesa.

—¡Miau! ¡Miau! ¡Miau! —maullaba Leonardo desesperadamente.

—Leonardo, cariño. ¡Estás desesperado! Te daré tu desayuno ahora —destapó la comida enlatada.

¡Miau! ¡Miau! ¡Miauuuuuuu! —maulló más fuerte sin prestar atención a la comida que Claudia vertió en el platito de porcelana.

Claudia se agachó y acercó su rostro al de Leonardo. Lo miró a los ojos y trató de entender qué era lo que deseaba. Notó desesperación y frustración en su mirada. Esa mirada era la que la hacía entender que Leonardo no maullaba por hambre, sino por algo más. Frustrado, el minino corrió hacia la habitación de Jaimy y maullaba con fuerza desde allá. Claudia, sospechando lo que podía estar sucediendo, sintió un nudo en su estómago y un descontrolado temblor en sus rodillas. Se dirigió a toda prisa hacia la habitación de su hijo pensando en lo peor.

—¡Jaimy! —exclamó desesperada.

El niño estaba recostado bocabajo, con su brazo izquierdo tocando el suelo. Parecía como si hubiese querido levantarse. Leonardo se subió a la cama, maullaba y tocaba a Jaimy con su patita

10

derecha. Claudia, aterrada, lo tocó con delicadeza para sentir la temperatura del cuerpo. Sabía lo que está sucediendo.

—Leonardo, no lo dejes solo. Si me entiendes, por favor, quédate con él mientras encuentro algo para ayudarlo —se dirigió hacia los cajones de Jaimy.

Leonardo acercó su rostro hacia la nariz del niño. Luego se recostó junto a él para darle calor. Claudia tomó una inyección y se la administró. El felino no se separó de él. Esperaron a que la sustancia hiciera efecto. En pocos minutos Jaimy abrió los ojos y trató de levantarse, pero se le hizo muy difícil. Claudia, con lágrimas en los ojos, lo abrazó y lo besó. El minino maullaba con mucha emoción, y le demostraba su cariño a Jaimy acariciándole la frente con su nariz.

—No te levantes, mi amor. Debes estar muy débil —dijo Claudia colocándole las manos en los hombros a Jaimy para que no tratara de levantarse.

—Mamá, ¿qué me sucedió? —preguntó el niño confundido mientras su madre le pinchaba el dedo con una lanceta.

—Tu azúcar en la sangre disminuyó, pero el glucómetro indica que ya te encuentras bien —dijo mostrando alivio.

—Leonardo, ¡qué bueno que estás conmigo! —exclamó Jaimy acariciándolo.

—Leonado, eres un ángel. ¡Gracias! —Claudia tomó al gatito en sus brazos y lo besó.

—¿Por qué lloras, Mamá?

—Lloro por la emoción de que estés bien gracias a este angelito que tenemos con nosotros. Leonardo me avisó que tú estabas mal. Te salvó la vida, Jaimy —lloraba y sonreía al ver a su hijo abrazar a Leonardo en forma de agradecimiento.

—No Claudia, tú salvaste su vida también y has salvado la mía ofreciéndome tu hogar —dijo Leonardo para sí.

—Bueno, ninguno de los tres hemos desayunado. ¿Ya te puedes levantar, cariño? —preguntó Claudia.

—Sí, Mamá. Me siento muy bien. ¡Huele a panqueques!

—No te equivocas. Y Leonardo escogerá el sabor de comida

que quiera. ¿Verdad, Leonardo? —preguntó mirando al minino a los ojos.

—¡Miau! —maulló Leonardo provocando que Claudia y Jaimy rieran a carcajadas.

Todos en la mesa comían y conversaban, incluyendo a Leonardo, que con sus maullidos se hacía parte de la conversación. Claudia se sentía regocijada de tenerlo, y al mismo tiempo le pareció que lo que sucedió con Jaimy fue sorprendente. Leonardo sabía que el niño no estaba bien y se lo hizo saber. Nunca imaginó que un animal tuviera esa capacidad. Y al ver a Jaimy y a Leonardo comiendo, regresó a pensar en la idea del cuadro que tenía que pintar para su trabajo de arte, al que pensó llamar "El niño y su gato".

***

Claudia manejaba hacia la escuela de Jaimy para recogerlo. Estaba ansiosa por darle la noticia de que su cuadro fue la calificación más alta de la clase. Todos amaron al minino. Pudo capturar en su pintura el infinito amor entre el niño y su amigo felino.

—Ya estoy aquí. ¿Dónde está mi pequeño? —preguntó Claudia para sí.

Jaimy alcanzó a ver el automóvil de su madre y corrió desesperado hacia ella. Estaba deseoso por saber la calificación que obtuvo en su proyecto. Para él era un orgullo ser uno de los protagonistas de la pintura. Pero se sentía más orgulloso aún porque el otro protagonista era su precioso gato. Con mucho entusiasmo, entró al automóvil y le dio un beso y un abrazo a su madre.

—Quiero saber. Fuiste la mejor, ¿verdad? —preguntó el agitado niño.

—Adivinaste, mi amor. Pero ustedes son las estrellas de ese trabajo —le tomó la mano.

—Extraño a Leonardo. Si pudiera, lo llevaba conmigo a la escuela —dijo Jaimy sonriendo.

—Yo también quisiera llevarlo a la universidad conmigo. Es un encanto —comentó Claudia—. Ya pronto lo vamos a ver, pero antes debemos pasar a ver a tu nutricionista.

—Había olvidado eso, mamá. ¿No podemos posponer la cita? —preguntó el pequeño mostrando irritación y desesperación por ver a Leonardo.

—No, Jaimy. Sé que no te gustan las citas, pero a partir de lo que te sucedió es necesario que asistas —Jaimy bajó la mirada desilusionado—. Hijo, te has monitoreado seis veces al día por una semana. Ya te duelen los dedos. No pierdas el buen trabajo y sacrificio que has hecho. La nutricionista necesita esos datos para programar tu bomba de insulina y asegurarnos que todo esté bien — explicó la madre.

—Tienes razón, Mamá. Disculpa lo terco. Es que extraño tanto a Leonardo. Ya quiero llegar a jugar con él.

—Te entiendo, mi amor. Siento lo mismo. Yo también lo quiero ver —dijo Claudia sonriendo—. A ver, ¿tienes el diario que pidió la nutricionista?

—Sí, lo tengo —contestó Jaimy.

Claudia estacionó su automóvil, pero antes de entrar al consultorio quería saber si su niño se encontraba bien. Notó que Jaimy sacó un cuaderno de su mochila. En la portada había una foto de Leonardo. Claudia sonrió porque quedó muy lindo en la foto.

—¿Forraste tus cuadernos con fotos de Leonardo? —observaba con curiosidad el cuaderno de su hijo.

—No, no es un cuaderno de la escuela. Es un diario sobre Leonardo. Lo empecé desde el día que llegó a la casa. He escrito todos los días desde que llegó.

—¿Puedo verlo? —extendió las manos.

—¡Claro! Puedes escribir tú también, si quieres —le ofreció el diario a Claudia.

—¿Lo crees? —preguntó con timidez.

—Claro, ambos tenemos historias con él.

Claudia tomó el diario en sus manos y lo ojeaba con mucho interés. Había fotografías de Leonardo desde que llegó. Sintió un cosquilleo en su vientre al notar la diferencia en el peso del minino al pasar los días. Se percató de que Jaimy dejó unas páginas en blanco.

—¿Y estas páginas en blanco? —Claudia contó veinte

páginas.

—Son para que tú las escribas. No te dije nada porque estabas muy ocupada con tus tareas.

—¿Qué se supone que escriba? —mostró un rostro pensativo.

—Corresponde a la mañana que Leonardo me salvó la vida. Tú puedes relatarlo mejor que yo —a Claudia se le humedecieron los ojos.

—Será un honor llenar esas páginas, hijo —lo abrazó.

***

La espera a Jaimy le pareció eterna. No entendía por qué se encontraba tan ansioso por ver a su hermoso Leonardo. Claudia, aunque no lo quería demostrar, también sentía la misma desesperación. Entonces, se encontraron una sorpresa al salir del consultorio.

—¡Mamá! ¿Estás viendo lo mismo que yo? —señaló hacia el otro lado de la calle.

—Pobre pequeño. ¿Lo habrán abandonado? —Claudia se enterneció al ver a un pequeño minino negro que lloraba desesperadamente.

—Mamá, no lo podemos dejar aquí. Se ve que está muriendo de hambre —le tomó la mano a Claudia para que lo acompañara hasta donde se encontraba el gatito.

—No, por supuesto que no, hijo. Vamos a llevarlo con nosotros y ya veremos.

—¿Estás bien, Mamá? —notó que Claudia se encontraba nerviosa.

—Sí. Bueno, no. Es que es tan pequeño. Jaimy, vamos a tener que llevarlo al veterinario para que lo examine. Es un cachorrito. Temo que nosotros solos no podamos manejarlo.

Claudia, sin mucho esfuerzo, atrapó al pequeño gatito y se subió al automóvil con Jaimy.

—Ambos queremos llegar a la casa para estar con Leonardo, pero este pequeño minino necesita ir al veterinario —condujo hasta el consultorio de un veterinario muy conocido.

Sin tener que esperar mucho, Claudia y Jaimy pasaron a un cubículo para esperar al doctor. Cruzaron sus miradas y sintieron que estaban pensando lo mismo. No sabían qué iban a hacer con el felino, pues ya tenían a Leonardo y no podían permitirse otra mascota.

—Mamá, ¿qué vamos a hacer? —el niño exhibió un tono de voz preocupado.

—No sé, hijo. Ya veremos. Supongo que buscaremos un hogar para él. ¿Entiendes? —le preocupaba la reacción de Jaimy.

—Entiendo, mamá. Lo importante es que él esté bien. Sé que no podemos tenerlo —su comprensión conmovió a su madre.

Como por sorpresa, un anciano alto y delgado entró al cubículo murmurando un saludo. Su asistente, un joven de baja estatura y cabello oscuro, lo acompañaba. Claudia y Jaimy se levantaron de sus sillas para saludarlo y colocar al pequeño en la mesa de examen. El serio y a la vez simpático anciano examinó al minino y murmuró varias palabras y frases que Claudia y Jaimy no lograron entender muy bien. Le dio a beber un líquido amarillo de una jeringuilla.

—Doctor, ¿va a estar bien? —preguntó Claudia preocupada.

—Sí —contestó mientras acariciaba al minino.

Luego murmuró algo que Claudia tampoco alcanzó a entender muy bien, pero el asistente lo repitió.

—En general está bien. Al parecer estaba recién abandonado, pero tiene mucha hambre —dijo el asistente. El joven le entregó a Claudia dos dosis adicionales del líquido amarillo. También explicó cómo lo debía alimentar y cuidar para que sobreviviera en la ausencia de su madre. Las palabras se perdían entre los pensamientos de Claudia: << ¿Qué vamos a hacer con este pequeñín? >>. Jaimy observaba la mirada perdida de su madre y sabía lo que estaba pasando por su mente. El niño sentía la misma preocupación.

—Gracias por rescatarlo y tomarse el tiempo de traerlo. ¡Qué pasen un buen día! —exclamó el anciano provocando una sonrisa en Claudia, ya que esta vez sí logró entenderlo.

15

Claudia pagó el servicio veterinario y agradeció al asistente, quien respondió de manera amable y se despidió. Al salir, Jaimy no se detuvo a observar a los animales que se encontraban en la sala de espera. Solamente pensaba en el minino que llevaba en brazos.

En el automóvil, Claudia observaba a su hijo, esperando un comentario o una respuesta, pero Jaimy evitaba la mirada de su madre. El minino dormía muy tranquilo. No había tenido la oportunidad de entender y percibir lo que estaba sucediendo. Era muy pequeño aún.

—Jaimy, no me evites —dijo Claudia sin arrancar el automóvil.

—No te estoy evitando, mamá. Pero sé que quieres que yo tome una decisión que no me corresponde —contestó el niño.

Claudia no sabía si sentir orgullo o vergüenza por la respuesta de su hijo. A veces los roles se invertían; era inevitable. No le gustaba tomar decisiones que pudiesen herir a Jaimy. Al final, el niño decidió hablar.

—Mamá, estamos de acuerdo en que nos toca cuidarlo por ahora —fijó su mirada en el minino dormido.

—Sí, ya nos metimos en esto desde que decidimos ayudarlo. El albergue de animales no es una buena alternativa —comentó Claudia.

—No, para nada. Y menos para un minino tan pequeño —añadió el niño.

—Mi preocupación es el dinero, Jaimy. Leonardo está vacunado, pero aún falta su castración. Cuidar a este pequeño nos retrasa, porque no podemos pagar ambos cuidados. La comida y el agua no son tan difíciles, pero los cuidados veterinarios son esenciales también —se rascó la nariz con su dedo índice de la mano derecha.

—Mamá, podemos hacer más ajustes. Yo puedo llevar almuerzo a la escuela y tú a la universidad. Así nos ahorramos ese dinero. ¿Te parece? —le lanzó a su madre una mirada llena de entusiasmo.

—Me parece bien, y es más saludable, en especial para ti —

sonrió.

—Además, yo no creo que Leonardo necesite una castración —comentó Jaimy—. A veces pienso que ya lo está.

—Es demasiado tranquilo. Y en todo el tiempo que lleva en la casa, no ha cambiado su comportamiento. Vive una rutina y parece disfrutarla. A veces envidio su tranquilidad —comentó Claudia—. Podríamos dejarlo como está, pero en cuanto veamos que necesita ser castrado, lo llevamos a visitar el veterinario.

—Tienes razón, pero hay algo que me preocupa. ¿Cómo reaccionará Leonardo con la llegada del nuevo minino? —el niño acarició la cabeza del gatito.

—Ya lo vamos a saber. Esperemos que sea tan protector con él como lo es contigo —sonrió—. Leonardo es un ser extraordinario —encendió el automóvil para dirigirse a su hogar.

**

Jaimy y su madre entraron a la casa, y Leonardo corrió hacia ellos para darles la bienvenida. Claudia liberó al minino en el suelo para que Leonardo lo conociera. Jaimy se acercó a Leonardo y lo acarició con la intención de detenerlo en el caso de que atacara al pequeño.

—Leonardo, te presentamos a… —Jaimy miró a su madre—. ¿Cómo se va a llamar? —preguntó sin tener una pista.

—Este minino sí es un Pablo. Leonardo, te presentamos a Pablo —dijo Claudia colocando al minino frente a Leonardo, muy confiada.

Cuando Pablo vio a Leonardo, se le acercó emocionado, buscando cariño. Leonardo bajó su cabeza y comenzó a lamerlo. Luego posó su mirada en Claudia y Jaimy, y maulló tiernamente. Jaimy, inmerso en perplejidad, se le quedó viendo a su madre, pues no esperaba esa reacción por parte de Leonardo. Claudia le sonrió, pues ella sí estaba segura de que Leonardo no iba a atacar a Pablo.

—Yo confío mucho en él. Cuando te salvó la vida, me mostró su bondad —dijo conmovida.

Jaimy abrió una lata de comida para el nuevo minino y otra para Leonardo. Se quedó parado cerca de ambos para supervisar la reacción ante la comida. Pablo comía rápidamente su porción, pero

Leonardo no comió nada, y se alejó de su platito de comida para observar a su nuevo amigo comer. Jaimy y Claudia cruzaron las miradas, extrañados. Cuando Pablo terminó de comer de su plato, se acercó al plato de Leonardo, y también comió. Jaimy, preocupado por la reacción de Leonardo, intentó acercarse, pero Claudia lo detuvo. Leonardo no hacía nada; solo esperaba. Cuando Pablo terminó, entonces él se acercó a su plato para comer lo que Pablo había dejado. Claudia, enternecida, se acercó y le ofreció más comida a Leonardo.

—Eres el gato más especial que he conocido. Si todos los seres humanos fueran como tú, el mundo sería perfecto —la joven mujer le acarició la cabeza y lo besó.

***

—Ya llevas más de dos semanas en esta casa, querido Pablo. ¡Y qué bien te llevas con Leonardo! —exclamó Jaimy desde el comedor, observando a los mininos acostados en el sofá de la sala.

—Es imposible que alguien se lleve mal con Leonardo. Es un ángel —comentó Claudia mientras preparaba almuerzo.

—Es cierto. Leonardo es diferente, mamá. Desde la forma en que nos mira hasta su comportamiento, lo hacen extraño —el niño observaba fijamente a Leonardo con la intención de descubrir algo en él.

—Para mí no es extraño. Él es especial. Leonardo es ese ser ideal, que lo imaginamos, y al mismo tiempo nos parece imposible su existencia. Pero es real, Jaimy. Leonardo es real y vive con nosotros —acarició el rostro de Jaimy.

—Es cierto. Somos afortunados de tenerlo. Ha cuidado de Pablo como si fuera su madre. Lo protege tanto. Me recuerda a ti conmigo —soltó una carcajada.

Claudia continuó riendo mientras se acercaba al refrigerador para sacar una verdura, y de momento dejó de reír. Encontró una nota pegada al refrigerador que le causó un poco de estrés. Tomó el pedazo de papel y se acercó a la mesa del comedor.

—Jaimy, hoy debemos llevar a Pablo para que le administren sus primeras vacunas —su tono de voz denotaba preocupación.

—Mamá, ¿cómo se nos pudo olvidar? —el niño se preocupó también.

—Cubrí la nota sin darme cuenta con una de la universidad —rompió la nota de la universidad y la arrojó a la basura.

—No debimos ir al cine ayer. Ese era el dinero para Pablo —Jaimy se entristeció.

—Jaimy, no digas eso. Estábamos celebrando lo bien que nos ha ido a ambos con nuestros estudios. Haremos un ajuste. Hoy Pablo tendrá sus vacunas y... —se detuvo a pensar—. Si es necesario, me salto una de mis comidas por toda la semana que viene, y compensamos.

—Si tú saltas una comida, yo también salto una —comentó el niño.

—Jaimy, no digas tonterías. Sabes que debes comer cada dos horas, y si saltas una de esas comidas te vas a perjudicar —Claudia lo miró a los ojos—. Yo sé lo que hago. Soy responsable de ustedes tres, y si tengo que sacrificarme para que tengan todo lo que necesitan, así lo haré.

Jaimy lloraba en silencio mientras Claudia preparaba el almuerzo. No quería que su madre lo viera y se angustiara, pero sentía una gran impotencia. Creía que, al ser un niño, su ayuda era muy limitada, y que, si fuera un adulto, podría trabajar y ayudar a su madre.

—Mi mamá es la mejor de todas las madres —pensaba—. Y como es la mejor de todas las madres, no la quiero angustiar con mis lágrimas —se limpió la cara, se levantó de la mesa y corrió a darle un abrazo a su mamá.

Claudia abrazó y besó a su hijo, sintiendo que era la mujer más afortunada, que la riqueza del amor que la rodeaba compensaban cualquier mal momento.

—Ay, mi pequeño. Ya verás que pronto nos va a ir muy bien —sonrió—. El secreto está en trabajar fuerte, ser organizados y siempre estar alertas —Jaimy asintió.

Leonardo estuvo en todo momento acostado en el sofá de la sala lamiendo a Pablo y observando a Claudia y a Jaimy. Había escuchado la preocupación económica que había en el hogar, y entendía que las vacunas y los cuidados de Pablo eran necesarios.

—Eres tan pequeño, pero serás un gato fuerte si te cuidan bien. Aquí harán muchos sacrificios para que lo tengas todo. Así son en esta casa. Eres un gato suertudo —pensó Leonardo—. Pero esta hermosa familia no debe hacer sacrificios por ambos. Yo me puedo cuidar solo. Además, esta no es mi casa —añadió.

Leonardo maulló y Pablo respondió de igual manera. Se levantaron del sofá y caminaron hacia la cocina. Claudia ya tenía la comida de los mininos servida en sus respectivos platos. Luego se sentó junto a Jaimy para almorzar. Se entretenían viendo a Leonardo y a Pablo comer. Ya se acostumbraban a ver a Leonardo dejar una porción de su comida para que Pablo la comiera.

—¿Por qué lo hace? ¿Por qué deja un poco de su comida para Pablo? —Jaimy lo observaba intrigado.

—Pablo es pequeño y debe comer más. Leonardo lo sabe — a Claudia no parecía sorprenderle.

—¿De verdad crees que lo sabe? —miró a su madre a los ojos.

—No lo dudo. ¿Tú lo dudas? —preguntó Claudia.

—Es que me parece increíble que un gato pueda saber tantas cosas.

Claudia dejó de comer y le tomó las manos a Jaimy.

—Hijo, quiero que entiendas algo. No hay diferencia entre seres. Todos somos uno. Yo estoy segura de que los animalitos razonan. Leonardo es un ser sabio. Se le nota en la mirada. ¿Acaso no sientes que te atraviesa el alma cuando te mira? —Claudia esperaba una respuesta de su hijo sin soltarle las manos.

—Sí, eso es cierto. Es como si supiera hasta lo que estoy pensando —contestó el niño.

—Todo el tiempo te van a enseñar que el ser humano es superior, y que es el único ser capaz de razonar y de expresar. Te lo dirán una y otra vez en tus clases de ciencia. Cuando alguien te diga eso, solo piensa en Leonardo. Él es la evidencia de que eso no es cierto —soltó poco a poco las manos del niño.

—¿Y por qué Pablo no es así? ¿Qué tal si se trata solo de Leonardo? —preguntó el curioso niño.

—Jaimy, ¿sientes que posees la misma capacidad de hace cuatro años atrás? —bebió agua de un vaso azul con hojas verdes, que ella misma pintó.

—No. Entonces Pablo será como Leonardo en algún momento —el niño por fin entendió el mensaje de su madre.

—Tal vez no sea como Leonardo. Recuerda que Leonardo es especial, y además todos los seres somos diferentes. Pero Pablo será un buen gato, muy sabio y lleno de hermosos sentimientos —explicó Claudia.

Leonardo no había dejado de escuchar lo que Claudia y Jaimy hablaban. Aunque ya habían terminado de comer, los felinos seguían en el comedor echados en el suelo como si Leonardo fuese una gata y Pablo su cría. Claudia y Jaimy terminaron de almorzar y limpiaron el comedor y la cocina. Notaron que ambos mininos se dirigían hacia la sala y se acostaron juntos. Leonardo lamió la cabeza de Pablo hasta que logró que se durmiera. Luego dirigió su mirada hacia Claudia y Jaimy. Ellos sentían que tenían que ir a acariciarlo.

—¿Por qué nos miras así, Leonardo? —preguntó Claudia mientras acariciaba la cabeza del sabio minino.

—Es cierto, mamá. Se siente como si te atravesara el alma —dijo el niño.

Leonardo cerraba sus ojos poco a poco sin apartar la mirada de la del niño. Los volvió a abrir para dirigir la mirada hacia Claudia. Era su manera de despedirse. Claudia y Jaimy sintieron algo extraño dentro de ellos, pero no entendían de qué se trataba.

—Me siento extraño, mamá. ¿Por qué nos mira así? —se acercó a Leonardo para besarle la nariz.

—No sé, pero siento una mezcla de nostalgia y miedo que no entiendo. Creo que debo abrazarlo y no despegarme de él —se agachó y lo abrazó—. Vamos a dormir todos en mi habitación —Jaimy cargó a Pablo y Claudia a Leonardo.

Esa noche durmieron los cuatro juntos en la recámara de Claudia. Cuando Leonardo notó que ya estaban bien dormidos, se bajó cuidadosamente de la cama, como si sus patas fueran pétalos de capullos. Se alejó sin dar la vuelta, sin despedirse. No podía quedarse más en esa casa. Observó la ventana que Claudia y Jaimy nunca cerraban, confiando en que él jamás se iba a escapar. Pasó un poco de trabajo saliendo, pues había ganado bastante peso. Se detuvo en las escaleras de la entrada de la casa, miró hacia la izquierda, luego hacia la derecha, cerró los ojos, y algo le dijo que su camino se encontraba a su izquierda. Sabía que perdería peso, que sufriría heridas, pero necesitaba llegar hasta su casa.

—Bueno, mi destino se encuentra a mi pata izquierda —pensó y siguió su camino sabiendo que no volvería a saber de Claudia y de Jaimy.

EL VIAJE A LA CIUDAD

—Necesito comer. Ya he tomado suficiente agua, pero me estoy debilitando —se detuvo a descansar sobre un conjunto de hojas secas bajo un árbol.

Leonardo llevaba un día y medio de viaje, y aún no encontraba su casa. Lo último que comió se lo dieron Jaimy y Claudia la noche antes de que se marchara. Se alejó de la carretera porque corría peligro de ser atropellado por un automóvil. Viajaban a gran velocidad, y sentía que su cuerpo se movía cada vez que un vehículo pasaba cerca. Se metió entre la vegetación y esto le retrasó un poco.

Se subía a los árboles cuando necesitaba sentirse seguro y cuando quería localizar comida. Le llamó la atención ver una casa de madera a lo lejos. Notó que estaba habitada. En cambio, no quería entrar a otra casa y romper más corazones. Prefería buscar comida de otra manera mientras llegaba hasta su destino. A pesar de la curiosidad que le causaba la estructura, algo más captó más su atención.

—¿Qué es eso que veo allá? —preguntó subido a la rama de un frondoso árbol de flores anaranjadas.

Observaba una figura negra a lo lejos, que parecía moverse de lado a lado, confundida. Se acercó para verla mejor. Cruzaron miradas, todavía lejos, y esto lo hizo viajar en el tiempo, recordando el momento en que asesinaron a sus hermanas. Se alejó sin retirar la mirada. Su pelaje se movía al compás de su cuerpo. El enemigo lo perseguía, pero antes de alcanzarlo, ya Leonardo se había subido a un árbol. Se encontraron dos esferas verdes con dos esferas negras, fijas, sin intención de un parpadeo.

—Si te subiste al árbol por mí, baja. No soy de los que asesinan gatos —dijo sin retirarle la mirada al felino.

Leonardo supo inmediatamente que su enemigo ya no era su enemigo, sino que había encontrado a quien iba a tomar el lugar de la soledad en la que se encontraba. Poco a poco fue bajando del árbol, hasta caer al suelo, después de un orgulloso y admirable salto que solamente saben hacer los gatos. El negro animal lo observaba con admiración. Leonardo se acercó confiando en su palabra.

—Soy un buen perro, como muchos otros. No voy a hacerte daño.

—Lo sé, pero no me podía arriesgar. Tengo que vivir para llegar a un lugar importante —notó la oreja del perro sangrando, y se olvidó de contarle su propia historia—. ¿Qué te sucedió en la oreja? —preguntó acercándose cada vez más a la herida.

—Hace dos días sangraba más. Ya está sanando —respondió.

Leonardo acercó su nariz a la oreja, y lamió con mucho cuidado la sangre, con la intención de limpiarla, y para saber si de verdad estaba sanando.

—¡Duele! No lo hagas, porque duele —se alejó de Leonardo mientras chillaba de dolor.

—Si duele, tenemos que buscar ayuda de algún humano —miró a su alrededor con la esperanza de localizar a una persona.

—Humanos no. De los humanos estoy huyendo —dijo nervioso.

—Yo sé que hay humanos que nos pueden ayudar. Solamente tenemos que llegar al lugar indicado —caminaba alrededor del perro.

¡Me estás mareando! ¡Calla! No lo entiendes, ¿verdad? ¡Un humano me hizo esto! —clavó la mirada en el suelo.

Leonardo calló. Se acercó al gran canino negro, y le pegó la nariz a su frente. El hermoso animal levantó la mirada, dejando caer una gota de sangre desde su oreja hasta el suelo. Sus narices se juntaron. Sentía que ya el gato era su amigo, y que no podría huir de él también. Algo le decía que ese pequeño amigo era especial.

—¿Cómo te hicieron eso? ¿Quién pudo ser capaz de hacer algo así? —preguntó Leonardo concentrando su atención en el perro, y olvidando su propia existencia.

—Amigo, hay muchas personas capaces de hacer algo así. Al parecer tú has sido de los afortunados que se ha encontrado con seres buenos —Leonardo sintió nostalgia al recordar a Claudia y a Jaimy—. Fue un hombre que se molestó porque tiré varias veces el bote de basura de su casa. Necesitaba buscar algo de comer, y era imposible no tirarlo porque estaba muy alto. Cuando intentaba subirme, se caía. Juro que no era mi intención. Todas las tardes, el dueño de la casa tiraba sobras de comida en ese bote. Yo tenía que aprovecharlas para no morirme de hambre. Tú debes saber lo que es hambre —Leonardo suspiró—. Cuando me intenté subir al bote, se cayó al suelo e hizo tanto ruido, que varias personas vecinas salieron a ver lo que sucedía. El dueño se encontraba en su jardín podando flores. Salió cuando escuchó el ruido, y me vio al lado del reguero. Tenía unas tijeras en la mano, las mismas tijeras que usó para cortar mi oreja— los ojos de Leonardo se abrieron más de la cuenta—. Sí, la cortó como si se tratara de un pedazo de papel o una de sus flores. Bueno, creo que para él sus flores eran más valiosas que mi oreja —bajó la mirada con los ojos cerrados recordando el horrible momento—. Sentí que me iba a desmayar, pero al mismo tiempo sabía que si no corría, ese ser lleno de ira me iba a matar —abrió los ojos, subió la cabeza y miró a su amigo a los ojos—. Corrí tan rápido, que el hombre no me pudo alcanzar. Estoy vivo y nada más necesito llegar a la casa de mi querida ama. La extraño tanto —posó su barbilla en el suelo, y sus patas debajo de esta.

—¿Por qué estás lejos de tu ama? —preguntó Leonardo, todavía más curioso.

—Salí al patio a… bueno, ya sabes. Y un vecino de mi ama estaba haciendo ruido con un tipo de dinamita, por diversión. No sé cómo los humanos toleran esos ruidos. Yo te puedo decir que para nosotros los perros, es un infierno. El ruido me desorientó porque estaba buscando desesperado un lugar que me protegiera. ¡Sentía que mis oídos reventaban! Corrí asustado y luego ya no encontré cómo regresar. Llevo dos semanas lejos de mi querida Abigaíl.

—¿Abigaíl es buena? —preguntó Leonardo sin apartarle la mirada.

—¡Claro! Es la mejor. La adoro con todas mis fuerzas —contestó con entusiasmo.

—Entonces no todos los seres humanos son malos. Podemos encontrar a alguien tan bueno como Abigaíl o como Claudia y Jaimy, y tal vez podríamos conseguir algo de comida, que te sanen tu oreja, y te lleven hasta tu casa —dijo Leonardo mientras caminaba alrededor del canino.

Leonardo notó que el gran perro tenía un collar púrpura, y colgando de este había una medalla roja de metal. Tenía grabado el nombre *Gregorio*.

—Te llamas Gregorio —dijo Leonardo mientras observaba la metálica medalla.

—Sí. En la parte de atrás de la medalla está el nombre de Abigaíl con su número de teléfono. Me la mandó a hacer el día que me adoptó en la perrera —cerró los ojos para recordar el hermoso momento.

—Pues tenemos que ir a un hospital veterinario. Allí verán tu herida y te van a curar. Además, van a ver tu medalla y llamarán a Abigaíl.

—Veo que tienes un buen plan. Eres un gato muy listo. Bueno... —pensó—...todos los gatos son listos —le hizo una muestra de cariño a Leonardo en la cabeza con su hocico.

—Escogí el camino del bosque para llegar a la ciudad, porque me dan miedo los automóviles. No quiero ser atropellado. Y ahora somos dos: tengo que cuidar de ambos.

—Yo soy más grande. Yo voy a cuidar de ti. Es lo menos que puedo hacer después de ofrecerme tu ayuda —dijo el agradecido perro—. He sido muy grosero porque no te he preguntado qué haces solo en este bosque. ¿Te has perdido? ¿Huyes de un humano también?

—Bueno, realmente estoy buscando mi casa. Mi madre y mi hermano murieron atropellados por un camión. Mis dos hermanas fueron atacadas por... dos perros —Gregorio bajó la mirada—. Yo intenté defenderlas y perdí un pedazo de oreja. Eso fue lo que sus dientes pudieron alcanzar. Desde ese momento llevo caminando de lugar en lugar, alimentándome de lo que nadie quiere, y hace poco llegué a una casa que me trataron muy bien, pero no era mi casa. Así que me tuve que ir.

—No entiendo bien. ¿Te has perdido también como yo? ¿Estás buscando a tus antiguos amos? —preguntó confundido.

—Nunca he tenido una casa o amos, como tú les llamas. Es difícil de explicar. Lo que puedo decir es que soy un gato que sabe que tiene una casa, pero los dueños no me conocen —notó que Gregorio se confundió más.

—Mejor sigamos buscando la ciudad y el hospital, porque no entiendo nada.

Leonardo y Gregorio descansaron bajo un árbol por varias horas antes de decidir partir hacia la ciudad. Se despertaron a causa de un hombre y una mujer que estaban cargando plátanos y subiéndolos a una camioneta. Se escondieron en la parte de atrás del árbol para no ser vistos por la pareja, ya que el señor por poco los descubre, sin saberlo.

—Ya está todo. Vamos a buscar las maletas para irnos por fin —dijo el hombre—. ¡Ah! La peinilla para mi barba. Tengo que verme presentable ante mi cliente.

—Si quieres verte presentable, afeita esa barba. Además, ya el color delata tu edad —dijo la esposa.

—Adelaida, siempre que vamos a casa de tu tía en la ciudad, me hablas de afeitar mi barba —se bajó de la camioneta.

—Fue un trauma convencer a mi tía para que aceptara nuestra boda. Al menos vamos a darle un gusto —lo tomó del brazo y caminaron hacia la casa.

—Bueno, pues mi meta es lograr que tu tía Constancia ame mi barba. Así que la voy a peinar y a perfumar para que cuando la abrace, a pesar de su desagrado, sienta y se quede con mi perfume impregnado por días —reía ante el rostro de disgusto de su esposa.

Leonardo dedujo que ellos eran los dueños de la casa que vio cuando se subió al árbol. Mientras veía a la pareja alejarse para buscar las maletas, se le ocurrió una maravillosa idea. Colocó su patita izquierda en el espinazo de su amigo Gregorio. El perro lo miraba confundido.

—Vamos a subirnos a la cajuela de esa camioneta —dijo

Leonardo e inmediatamente corrió hacia la camioneta.

—¿Estás loco? ¡Nos pueden atrapar! —comentó Gregorio.

—No nos van a atrapar. Van a buscar las maletas, las van a montar y luego arrancan la camioneta —contestó tranquilamente.

—¿Y si nos aplastan cuando echen las maletas en la cajuela? —preguntó el preocupado perro.

—Las van a montar en la parte delantera. Tienen espacio —se subió a la cajuela—. Salta, que nos van a atrapar si te quedas aquí.

—¿Cómo sabes que las van a montar en la parte delantera? —Leonardo suspiró.

—No te puedo explicar por qué y cómo lo sé, pero lo sé. Salta, por favor. Tu oreja necesita atención y necesitas encontrar a Abigaíl —Gregorio miró para todos lados y saltó.

Inmediatamente después del salto de Gregorio a la cajuela, sintieron las pisadas de Constancia y su esposo en el prado. Gregorio comenzó a temblar de miedo, pero Leonardo se acercó y pegó su cuerpo con el de él. El ritmo sutil de su respiración calmó al perrito. En ese instante escucharon el abrir y cerrar de las portezuelas. Arrancaron la camioneta hacia la ciudad, dándole la esperanza a Gregorio de ser atendido y reunido con Abigaíl, pero retrasando y haciendo más difícil el camino de Leonardo hacia su casa.

—Duerme. Yo vigilo tu sueño y te despierto cuando estemos en la ciudad —dijo Leonardo al mismo tiempo que Gregorio fue cerrando los ojos.

Leonardo se dedicó a escuchar la conversación de Constancia con su esposo. Se sentía fascinado al escuchar una conversación de dos agricultores.

—¿Recuerdas cuando tu tía Constancia me vio por primera vez? —preguntó mientras se tocaba la barba con su mano derecha.

—¿Cómo olvidarlo? Estaba tan disgustada por tu nombre. Me preguntó: *¿Qué clase de nombre es Mariano?* —Mariano se asfixiaba de risa.

—Cuando extendí la mano para saludarla, recuerdo que le hice un raspón en la suya por lo ásperas que eran. ¡Me miró con una cara de espanto! —Leonardo disfrutaba las anécdotas más que el mismo Mariano.

—Y luego en la noche te dejó en la cama un frasco con crema para las manos. Ay, mi tía Constancia es tremenda —le tomó la mano a Mariano—. Claro, se equivocó contigo. Eres un ser humano íntegro, bueno y con el mejor sentido del humor. Y aunque te encanta retar la paciencia de tía, ella te aprendió a amar como a un hijo —Mariano sonrió y cerró los ojos para descansar mientras Adelaida conducía.

Adelaida amaba conducir y Mariano aprovechaba los viajes a la ciudad para dormir las horas que perdía en la madrugada, trabajando en su otra pasión: tallar figuras de animales. Leonardo estaba feliz porque entre todas las anécdotas que contaron, mencionaron a sus perras y gatos, y de cómo los amaban y lo bien que los trataban. Adelaida y Mariano decidieron adoptar gatos y perras, porque no les interesaba tener hijos humanos.

A pesar de lo maravillosas que parecían ser estas personas, Leonardo y Gregorio tenían que asegurar su salida de la cajuela sin ser descubiertos, ya que entre las historias que contaron, resaltaron dos en las cuales la tía Constancia protagonizaba su desagrado por los animales. En una de ellas desapareció a unos gatitos que Adelaida encontró y llevó a la casa una tarde al salir de la escuela. En otra ocasión, la maestra de ciencias de primaria de Adelaida le obsequió un perro. Al otro día de haberlo llevado a la casa, el perro desapareció, y Constancia le dijo a Adelaida que un carro lo había atropellado. Adelaida lloró por días. Un año después descubrió que le había regalado el perro a la sirvienta.

—Mariano, despierta. Hemos llegado —Mariano abrió los ojos poco a poco y se llevó las manos a la cara para ayudarse a despertar.

—No me digas que dormí todo el camino —dijo con voz ronca.

—¿Te sorprende? —se echaron a reír—. Vamos a saludar a tía Constancia, nos instalamos, y luego hacemos la entrega. ¿Te parece? —le guiñó el ojo izquierdo.

—Usted es la jefa —le devolvió la guiñada.

Se bajaron, tomaron las maletas y entraron a la casa de la tía. Leonardo escuchó cuando se alejaron poco a poco. Como ya entendían que iban a tardar un poco, decidió salir, pero un ruido ensordecedor lo hizo detenerse. Parecía un ruido como de una máquina. Gregorio se despertó de un brinco. Comenzó a ladrar.

—¡No ladres! —Leonardo le colocó la pata izquierda en la boca a Gregorio—. ¡Nos van a descubrir! —Gregorio permaneció callado y al mismo tiempo asustado por lo que podía pasar a causa de sus ladridos.

—Perdón, perdón. Me asusté con ese ruido. ¿Qué está pasando? —preguntó todavía aturdido.

—Ya llegamos. Estamos en casa de la tía de Adelaida, la mujer que manejaba esta camioneta. Ella y su esposo Mariano ya se bajaron y se encuentran dentro de la casa. Es nuestra oportunidad para salir —Gregorio lo observaba atento.

—Temo que nos descubran y pierda otra oreja —dijo intentando ver algo a través de los hoyos de la tela que los cubría.

—Estamos seguros, a medias —Gregorio se confundió.

—¿Cómo que a medias? —abrió sus ojos y acercó su rostro al de Leonardo.

—Adelaida y Mariano son amigos de los animales, pero la dueña de esta casa, la tía de Adelaida, no es buena. Por todo lo que pude escuchar, es capaz de cualquier cosa —suspiró—. Por eso tenemos que salir pronto de aquí. A pesar de lo mala que es, Adelaida y Mariano la quieren mucho, y estoy seguro de que ese amor hace difícil que puedan ver la maldad en ella.

—¿Qué estamos esperando? Vamos a salir. Quiero al menos tener una oreja y media —comenzó a avanzar hacia la portezuela de la cajuela. Leonardo lo siguió.

Los amigos llegaron hasta la portezuela de la cajuela de la camioneta y se encontraron con una sorpresa que hizo que a Gregorio se le acelerara el corazón. El ruido mecánico que causó que el perro despertara, se trataba de la puerta de un garaje. Se encontraban encerrados y no iban a poder salir hasta que alguien abriera esa puerta.

—Estamos…encerrados —miró a Leonardo espantado—. ¿Qué vamos a hacer? ¿Cómo vamos a salir de aquí?

—Quisiera poder responderte, pero nos toca esperar. Por lo que escuché, Adelaida y Mariano van a hacer la entrega de los plátanos hoy mismo. Se bajaron para dejar el equipaje en la casa. Tranquilo. Vamos a estar bien —dijo tratando de que no se notara su preocupación de ser descubiertos por la tía Constancia.

***

—Tía, nosotros no hemos escuchado nada —Leonardo y Gregorio escucharon la voz de Adelaida.

—Yo voy a ver. Estoy segura de que escuché a un perro ladrar, y no dudo que hayan traído a sus animales a escondidas a mi casa. Saben que no me gustan los animales. ¡Si encuentro un perro en ese garaje, queda fuera de la casa! —gritó la odiosa tía.

Gregorio regresó corriendo al principio de la cajuela de la camioneta, y Leonardo lo siguió. El cuerpo del perro empezó a temblar. Ambos se acurrucaron en una esquina hasta casi parecer un solo animal. El minino pensaba que no se iba a perdonar si los descubrían y le sucedía algo a Gregorio.

—Leonardo, tengo mucho miedo —dijo el perro sin abrir los ojos.

—No te voy a dejar solo. Si esa señora intenta hacer algo, yo le clavo las uñas en su cara mientras tú saltas y huyes —dijo Leonardo sin despegar el rostro del costado de Gregorio.

—No voy a dejar que te suceda algo por salvarme.

—Yo voy a huir también. Confía en mí. Es muy difícil controlar a un gato enojado. No te ofendas, pero me alegra mucho que me haya tocado ser gato y no perro. En estos momentos es cuando resalto las ventajas —dijo el orgulloso felino.

—¿Cómo es eso de que te tocó ser gato? —el perro lo observaba confundido.

—No hay tiempo para explicaciones. Olvida eso y concéntrate en saltar cuando yo ataque a la vieja malvada —se colocó en posición de ataque.

Se abrió una puerta que conectaba a la casa con el garaje, y entraron Adelaida, Mariano y una señora que parecía que, si llegaba a sonreír, se le podía agrietar la cantidad de maquillaje que llevaba en el rostro. De momento las pupilas de Leonardo se hicieron pequeñas a causa de la luz que entró a través de los pequeños hoyos de la tela. Gregorio se puso nervioso e intentó evadir los pequeños rayos de luz.

—¿Qué rayos es esa luz? —susurró Gregorio mientras Leonardo se acercaba para mirar.

—Creo que se trata del exceso de oro que carga la vieja en sus orejas y cuello —contestó Leonardo al ver a Constancia a través de la tela.

—Mariano, destapa lo que llevas en esa cajuela —ordenó Constancia.

—Tía, por favor, no es necesario que le des órdenes a Mariano —Adelaida tomó a Mariano de la mano— No tienes que hacernos destapar la carga. Ya te dijimos que no tenemos a nuestros animales aquí. Los dejamos en la casa con nuestro empleado.

—No me tomes el pelo, niña. ¿O acaso crees que no te conozco? —se acercó a la cajuela de la camioneta para retirar la tela que cubría a los plátanos, a Gregorio y a Leonardo—. ¡Lo sabía! —Adelaida y Mariano se miraron sorprendidos.

Constancia tomó una escoba para golpear a los asustados animales. Leonardo se erizó hasta triplicar el diámetro de su cola. Gregorio corrió hasta el principio de la cajuela y saltó por encima de la portezuela. La vieja lo iba a perseguir, pero cuando vio al gato en posición de ataque, sintió la necesidad de palearlo. Adelaida y Mariano miraron al perro que empezó a chillar frente a la puerta del garaje. De repente, las miradas de Adelaida y de Gregorio se entrelazaron. De una manera inexplicable la mujer sintió que el perro le pedía que abriera la puerta, aunque eso significara perderlo de vista sin saber su paradero.

Por otro lado, antes de que Mariano detuviera a Constancia cuando iba a golpear a Leonardo, este último saltó hacia su cara y le enterró las uñas. Adelaida ignoró los gritos de su tía y presionó el botón que abría la puerta de garaje, regalándole la libertad a

Gregorio. Leonardo dejó de atacar a la vieja, corrió hacia la salida, pero se detuvo a mirar a Adelaida. Adelaida se quedó viéndolo, y el minino le regaló un maullido de agradecimiento antes de desaparecer junto al perro.

—¡Mi rostro! ¡Mi hermoso rostro! —gritaba la enojada vieja.

—Tía, eso te pasa por querer golpearlos. Te dije que algún día el mal que le has hecho a las pequeñas criaturas te iba a regresar —dijo Adelaida muy molesta.

—Vamos, tía Constancia, no se queje tanto. Ese pobre felino se estaba defendiendo de usted. Además, estoy seguro de que el maquillaje la protegió de esos arañazos —Constancia le lanzó una mirada de muerte a Mariano.

—¡Búrlate de mí! Dudo mucho que puedas encontrar a tus mugrosos animales —lanzó una risa burlona.

Adelaida se sintió muy mal al escuchar a su tía burlarse del posible mal paradero del gato y del perro. Con lágrimas en los ojos volvió a cubrir los plátanos con la tela, y miró a Mariano.

—Mariano, por favor. Busca nuestro equipaje. Vamos a entregar los plátanos y luego nos quedaremos en un hotel —la tía Constancia abrió sus ojos más de la cuenta, sorprendida por la acción de su sobrina—. Mariano se fue a buscar el equipaje.

—Deja de hacer un drama por todo esto. Regresa a tu cuarto y dile a tu marido que se quedan aquí en la casa —dijo la tía de manera autoritaria.

—No, tía. Me cansé. Cuando era pequeña me quitaste la dicha de poder rodearme de las criaturas más nobles que existen en la tierra. Desapareciste a los gatitos que encontré, y regalaste al perro que me obsequió la maestra. Ahora trataste de golpear a ese pobre felino, y sabe Dios qué hubieses hecho con el perro si yo no abría la puerta y el gato no te hubiese atacado. Espero que las cicatrices de esos arañazos te acompañen lo que te queda de vida, para que aprendas a respetar a todos los seres que habitan en este mundo. Te agradezco que hayas cuidado de mí, pero no puedo estar rodeada de personas como tú. Me voy y no pienso volver a esta casa hasta que cambies tu actitud —Constancia le devolvió una mirada llena de rencor.

—Deja de decir tonterías. ¿Me vas a dejar de hablar por algo tan insignificante como un gato y un perro? —Adelaida le besó la mejilla ensangrentada, y se subió a la camioneta a esperar a Mariano.

A Constancia le cambió el rostro cuando entendió que su sobrina estaba muy herida. Por su cabeza pasaron muchos recuerdos de cuando Adelaida llegó a la casa cuando era una niña, hasta que se casó con Mariano. Sentía que se le retorcía el corazón. De repente, vio a Mariano acercarse con las maletas, y su rostro se volvió a llenar de odio. Mariano la miró y ella lo esquivó. Luego se colocó al lado del botón de la puerta del garaje. No dijo nada. Solamente golpeó el piso con su pie derecho, indicando que la estaban haciendo esperar. Mariano metió el equipaje en la camioneta y se subió. Adelaida arrancó sin decir una palabra, y cuando la camioneta salió del garaje, Constancia presionó el botón de la puerta. Se quedó parada viendo cómo descendía la puerta y cómo desaparecía el vehículo de su Adelaida y Mariano. Sintió que se había quedado sola, pero su soberbia no le iba a permitir pedir disculpas. Mientras tanto, Mariano tomó la mano de su esposa, que no paraba de llorar por todo lo que había sucedido.

—Lo siento mucho, Adelaida —apretó la mano derecha de su esposa con su mano izquierda.

—Olvidemos lo que sucedió, cariño. Ahora tenemos que encontrar a esos pobres animales. El perro estaba lastimado.

—¿Lastimado? ¡No me fijé! Adelaida, sabes que es casi imposible encontrar a esas criaturitas en la ciudad.

—No nos vamos a ir sin al menos tratar —detuvo la camioneta frente al lugar donde iban a hacer la entrega de plátanos.

—Tienes razón. Vamos a tratar.

Mientras Adelaida y Mariano descargaban los plátanos, Gregorio y Leonardo se encontraban en un callejón. El perrito todavía estaba asustado por lo que sucedió en el garaje de la casa de la tía de Adelaida. Leonardo se sentía feliz de haber defendido a su amigo, pero extraño por haber usado sus garras para atacar a un humano.

—No te sientas mal. Lo hiciste en defensa propia. Me salvaste, amigo —dijo el agradecido perro.

—Tienes razón. No había otra solución —observó a su alrededor—. Tengo buenas noticias.

—¿Qué noticias? —preguntó Gregorio, curioso.

—Conozco este lugar muy bien. No estamos lejos del hospital veterinario —Gregorio brincaba de alegría y lamía a Leonardo hasta empaparlo con saliva.

—Muy bien. Hoy no voy a necesitar un baño. Vamos con cuidado. Ya no podemos meternos en más problemas —Gregorio lo siguió por un camino seguro hacia el hospital donde Claudia y Jaimy lo llevaron por primera vez.

***

—¿Qué hacemos? ¿Tocamos el timbre? —preguntó Gregorio mientras intentaba alcanzar el botón.

—¿Quieres terminar toda tu vida tocando timbres en un circo o en un programa de televisión? —le pegó en las patas para evitar que tocara el timbre.

—Miren, ese perro y ese gato están peleando —dijo una niña que estaba en la sala de espera del hospital veterinario.

—¡No me sigas pegando! ¡Está bien! —Gregorio le pegó de vuelta a Leonardo con sus patas.

Un asistente veterinario acudió al llamado de la niña, y vio al gato y al perro empujándose y pegándose con las patas. Esto le pareció muy chistoso y comenzó a reírse. Abrió la puerta, y Gregorio y Leonardo dejaron de empujarse y quedaron sentados muy derechos uno al lado del otro. Todas las personas que se encontraban en la sala de espera se echaron a reír.

—Ahora somos el chiste del hospital —pensó Leonardo para sí.

—Lucía, ¿me puedes ayudar aquí? Trae una jaula, por favor —llegó hasta la puerta una joven asistente con una jaula de color verde neón en las manos.

Leonardo sintió algo extraño. Tenía deseos de saltar en el cabello de Lucía. Sus pupilas se dilataron y le dieron muchas ganas de jugar. Por fin logró contenerse. El asistente veterinario, un joven con rasgos filipinos, llamado Paul, le acarició la cabeza a Leonardo y luego lo agarró para meterlo en la jaula. El gato no se dio cuenta de las intenciones del asistente por andar distraído con los rizos azules de la chica. Cuando pensó en luchar para que no lo atraparan, ya estaba dentro de la jaula. Lucía cargó a Gregorio y se fue junto a Paul a uno de los cuartos de examen.

—Vamos a revisarlos mientras llega el veterinario. El perro tiene collar, pero el gato no —Paul comenzó a leer la información de la medalla del collar de Gregorio—. Pobrecito, ese golpe en la oreja le debe doler tanto —le acarició la cabeza.

—Se ven bien cuidados. Están algo sucios, pero se ven bien —dijo Lucía mientras tocaba la nariz de Leonardo a través de la rejilla de la jaula.

Leonardo se miró su cuerpito para ver si verdaderamente estaba sucio. Pensó que no se debió haber saltado el baño cuando Gregorio lo lamió. Ante todo, un gato siempre procura verse limpio. No importa si está delgado, si le falta una oreja, si le falta la mitad de la cola, o hasta un ojo; ellos siempre van a tratar de estar limpios.

—Tal vez es la cabeza la que está sucia. Es que limpiarse la cabeza es más difícil. A lo mejor la lengua de Gregorio no es tan efectiva como la mía para la higiene personal —pensó.

—Bueno, vamos a ver al famoso Gregorio y a su amigo el gato —Leonardo reconoció la voz del veterinario y se dio cuenta que podían descubrirlo.

El veterinario revisó la oreja de Gregorio y dio unas instrucciones a sus asistentes. Gregorio miró hacia la rejilla de la jaula para intercambiar miradas con su amigo Leonardo. Estaba nervioso y enseguida comenzó a temblar. El felino cerró sus ojos poco a poco y luego los abrió, intentando con este gesto brindarle a su amigo la tranquilidad que necesitaba. El doctor notó el comportamiento.

—Así que son buenos amigos. ¿Quieres que saque a tu amiguito de la jaula para que te acompañe? —le preguntó a Gregorio—. ¿Si te saco de la jaula me prometes que te vas a portar bien? —Leonardo pestañeó una vez y el veterinario abrió la puerta de la jaula.

El felino se acercó hasta el médico y luego hasta Gregorio. Les dio una muestra de cariño a ambos con su cabeza. El veterinario no se sorprendió y solo se limitó a sonreír. En ese instante llegaron los asistentes preparados para limpiar la herida del perro. Se asombraron al ver al gato junto al perro, y acariciándolo con su cabeza.

—No se sorprendan. Ustedes dos son mejores amigos, ¿no? —los asistentes se miraron y sonrieron con timidez.

—Es verdad —dicen al mismo tiempo.

—Aprendan algo: el amor y la amistad transcienden los cuerpos. Nunca lo olviden —acarició las cabezas de los animales.

Paul y Lucía meditaron por unos segundos en lo que dijo el doctor y luego trabajaron con la oreja de Gregorio.

—Vamos a internarlo para operarlo mañana. Hay que cortar ese pedazo de oreja —Gregorio sintió que se desmayó y comenzó a temblar—. Jenny no ha conseguido a su dueña, pero le ha dejado un mensaje en la contestadora. Pobre señora, debe estar muy angustiada. Y usted, señor Leonardo, no crea que no lo reconocí. Claudia y Jaimy se encuentran muy angustiados gracias a la escapada que se ha dado. La ciudad está llena de fotos de usted. También vamos a llamar para que lo vengan a recoger. Por ahora, se ha ganado un tratamiento para parásitos.

Leonardo sintió que perdió el aliento. Si regresaba con Jaimy y Claudia, perdería la oportunidad de llegar hasta su casa. Era importante que no lo volvieran a ver. Necesitaba desarrollar un plan para escaparse del hospital. Si lo encerraban en una jaula, sería una tarea muy difícil. Tampoco podía dejar a Gregorio en ese estado de nervios. Le tocaba esperar a que operaran a su amigo y luego rogar que Jaimy y Claudia no se encontraran disponibles.

—Paul, prepárale una jaula a Leonardo. Aliméntalo. Lucía, cuando terminen con Gregorio, quiero que lo metan en una jaula pegada a la de Leonardo. Esperemos que Jenny pueda encontrar a sus respectivas dueñas para que estos animalitos tengan un final feliz

—Leonardo suspiró.

El doctor CC se dirigió a otro cuarto de examen para atender a otro animalito, mientras los asistentes instalaban a Gregorio cerca de Leonardo. Este último estaba desesperado por encontrarse a solas con Gregorio. Quería consultarle sobre el plan de escapar. Los asistentes se marcharon, por fin, y Gregorio se acercó a la rejilla de su jaula que conectaba con la rejilla de la de Leonardo.

—Si supieran lo que tramas, no nos pondrían jaulas juntas —Leonardo se pegó de la rejilla.

—¿Cómo sabes que tramo algo? —preguntó Leonardo al mismo tiempo que observaba a su alrededor, buscando una ventana o un hueco para huir.

—Cuando el doctor CC mencionó lo de tus amos, sentí que me caía poco a poco a un vacío. Amigo, estás aquí por mi causa. Me siento responsable —Leonardo colocó su pata en la rejilla tocando el pelaje de la cabeza de Gregorio.

—Mi querido Gregorio, todo sucede por algo. No lo olvides. No me arrepiento de nada. Mi meta es llegar a mi casa, y aunque me retrase un poco o mucho, lo importante es que llegue —continuó mirando a su alrededor.

—Las cerraduras de las jaulas son fuertes. No las vamos a poder abrir. ¿Qué vamos a hacer? —preguntó Gregorio mirando a Leonardo.

—Las posibilidades de escapar son muy bajas, Gregorio. Esto es como una cárcel. Además, no me quiero ir sin saber que vas a estar bien —sacó la pata de la rejilla y recostó su cabeza.

—¡Ya lo tengo! —Gregorio se paró en sus cuatro patas y saltaba emocionado.

—Gregorio, si ya tienes un plan, no llames la atención. Cálmate —dijo el serio gato.

—Disculpa, amigo. Es que casi todos los planes se te ocurren a ti. Estoy disfrutando mi momento —su ladrido hizo que Lucía y Paul se acercaran para saber qué sucedía.

—Míralos. Gregorio se ve feliz. Seguramente están hablando —dijo Lucía.

—¿Te parece? —preguntó Paul riendo.

—Ingenuos —dijo Leonardo luego de ver a los asistentes alejarse riendo—. ¿Ya ves por qué no nos podemos emocionar? Estamos en la mira de todo el equipo del hospital. Y tal vez parecemos tontos ante los asistentes, pero el doctor CC tiene una idea de lo que somos capaces —Gregorio se tranquilizó.

—Tienes razón. Bueno, te voy a contar mi plan. Tienes que hacerte el muerto. Abigaíl me enseñó ese truco, y una vez lo hice sin que ella me lo pidiera, y casi se vuelve loca pensando que era cierto. De verdad que funciona si eres buen actor. Yo soy muy buen actor. No pretendo que te quede igual que a mí, pero puedes intentarlo —se sentó frente a Leonardo esperando una respuesta.

—Ante todo, me sorprende tu modestia —Gregorio se hizo el sordo—. Supongo que quieres que finja que me muero para que me saquen de la jaula y luego me vaya. Es un buen plan, pero recuerda que no puedo dejar de respirar. Aquí van a saber que estoy vivo si me ven respirando. Tal vez podría fingir que me siento mal —Gregorio se quedó pensando en cómo Abigaíl lo creyó muerto si nunca dejó de respirar, pero no le comentó nada a Leonardo.

—Bueno, sí. Pues te haces el enfermo, y cuando te saquen de la jaula para atenderte, te vuelves igual de loco como hiciste en casa de la vieja malvada, y te sales corriendo hasta la puerta. Si tienes suerte, alguien puede estar entrando, y entonces escapas —Leonardo miró a Gregorio.

—Gregorio, suena como un buen plan. Me parece que es la única alternativa que tengo, pero no me quiero ir y dejarte aquí —colocó la pata en la rejilla.

—Yo voy a estar bien. Abigaíl me viene a recoger. Yo sé que ella va a venir, y también sé que tus amos van a venir. Si no escapas hoy, estarás de vuelta en esa casa. No entiendo por qué no quieres estar con ellos, si te trataban tan bien, pero tú sabrás —Leonardo suspiró.

—Eso es algo que es demasiado complicado para contarlo. Lo único que tienes que saber es que, aunque es una hermosa familia que me ama, esa no es mi casa —Gregorio lo miró confundido.

—Está bien, amigo. Confío y apoyo tu palabra, aunque no lo entienda. Después de todo, somos amigos —Leonardo estaba inmóvil observando la medalla del collar de Gregorio—. ¿Estás bien? Me asustas. No me mires así —dijo el asustado perro.

—Gregorio, en la parte de atrás de tu medalla dice la dirección completa de tu casa —cambió la mirada hacia los ojos de Gregorio.

—¿De verdad? No me había fijado —ignoró el comentario de Leonardo.

—¡No entiendes! Cuando te conocí y me enseñaste tu medalla, vi la dirección y la memoricé. Llegar a tu casa desde el hospital no me parece tan lejos. Cuando escape, me voy a dirigir hacia allá. Te voy a esperar para ver cómo quedó tu oreja, y entonces partiré a mi casa —dijo emocionado.

—¿Cómo conoces todas las direcciones? —preguntó el sorprendido perro.

—Ya te dije que eso no importa. Piensa que soy un gato muy listo y con mucha experiencia —le guiñó un ojo a su amigo—. Bueno, hora de hacerse el enfermo. Ladra para que les avises que está sucediendo algo extraño conmigo.

Leonardo se tumbó en su jaula y respiraba rápidamente, como si agonizara. Gregorio ladraba de manera desesperada. Los asistentes llegaron a la escena, y al ver a Leonardo de esa manera, abrieron la jaula para sacarlo.

—Lucía, llama al doctor CC. Yo me encargo de sacarlo —Leonardo le echó una mirada a Gregorio muy curiosa, con ojos entreabiertos.

El valiente felino sacó las uñas y comenzó a contorsionarse como si tuviese un ataque. El asistente lo soltó por miedo a que fuese a llevarse un arañazo o una mordida. Gritaba pidiendo ayuda.

—¡Se me escapó el gato! ¡Lucía, ayúdame! —sabía que se iba a llevar tremendo regaño de parte del doctor CC.

Leonardo corrió hasta llegar a la sala de espera. En ese momento, una persona estaba entrando y acababa de soltar la puerta. Se estaba cerrando poco a poco, y Leonardo aumentó la velocidad en sus patas traseras. Sentía que podía levantar el suelo con la fuerza de sus patas. Se resbaló, se tropezó con las sillas, pero no podía perder su oportunidad. La puerta ya estaba casi cerrada, y ya casi quedaba un espacio que era compatible con el tamaño de su cuerpo. Cerró los ojos y dejó que sucediera lo que el destino quisiera. Cuando los abrió, ya estaba fuera del hospital. Lanzó un suspiro de alivio y felicidad. Se detuvo tres segundos a observar la entrada del hospital y luego desapareció entre la multitud. No podía dejar de pensar en el regaño que se iba a llevar el pobre Paul por su culpa. Al mismo tiempo, estaba muy claro de que eso era lo que tenía que hacer. No le quedaba otra alternativa, y estaba emocionado por estar cada vez más cerca de su destino. Ya sabía cuál era la dirección de Gregorio. Nada más le quedaba caminar. Afortunadamente tenía la barriguita llena, y no necesitaría buscar comida por un buen rato.

—Me alimentaron, me ayudaron y me escapé. Seguramente pensarán que soy un gato malagradecido. Si supieran que yo solamente quiero llegar a mi casa, me entenderían. Claro, antes me toca llegar hasta la casa de Gregorio. No me puedo ir sin verlo antes, conocer a Abigaíl y despedirme —pensó para sí.

EL MENDIGO MISTERIOSO

La caminata de Leonardo hacia la casa de Gregorio fue interrumpida por algo que llamó su atención. Se trataba de un señor con deteriorado aspecto que registraba un bote de basura. El felino quería saber qué buscaba con tanto ímpetu. Había algo extraño en esa persona. Le pareció muy curioso verlo sacar un cuaderno del viejo bote de basura. Leonardo esperaba que retirara comida.

El señor de ropajes interminables miraba para todos lados, como si alguien lo estuviese persiguiendo. Abrió el cuaderno usado, y recuperó las páginas que quedaban en blanco. Luego, devolvió la parte inservible a la basura, y se fue. El gato sintió que debía seguirlo. El mendigo, alerta, caminaba rápido y cabizbajo entre las personas. Se fue alejando de la ciudad, y de casualidad, tomaba la misma ruta que le esperaba a Leonardo. Cruzó la calle para meterse entre unos árboles. El minino hizo lo mismo, pero guardando distancia. Cuando las patas del felino pisaron la primera ramita seca, el misterioso hombre se dio la vuelta y lo descubrió.

—¡Ajá! Un gatito curioso… ¿O debería decir nada más: un gatito? Al fin y al cabo, las dos palabras son prácticamente sinónimos —dijo el señor entre risas—. No te asustes. Puedes caminar junto a mí. Tengo algo que te puede interesar —añadió al percibir que Leonardo tuvo la intención de retroceder.

Leonardo miró al enigmático señor a los ojos, y sintió que se sumergió en un mar cristalino. El hombre no le retiraba la mirada, y sentía lo mismo al ver los ojos del gato. Este último se acercó. No solamente notó el color de los ojos del señor, sino que pudo ver su alma. Entendió que estaría más que seguro al lado de esa persona.

—Vamos, amiguito. Te voy a llevar a mi escondite, y te voy a contar mi historia. No se la he contado a nadie, pero creo que es hora de que alguien la conozca —caminaron entre los árboles y se detuvieron en una casita vieja y abandonada—. Esta es mi casa, pero antes de entrar, me voy a presentar. Soy Fernando, y a ti te voy a llamar Rocky. Tienes una mirada tan profunda como la de ese boxeador de las películas —sonrió y Leonardo entró a la humilde morada.

Dentro del modesto domicilio, Leonardo se encontró con una fascinación: símbolos extraños en las paredes. Fernando colocó las hojas de papel en una mesa donde tenía más papeles, todos recolectados de diferentes cuadernos. A pesar de que la casa se veía abandonada por fuera, por dentro estaba muy limpia y organizada. El hombre hizo algo que confirmó las sospechas que tenía Leonardo sobre cierta falsedad: se quitó la barba postiza y la peluca. Retiró todas las libras de ropaje desteñido y roto, y ya no parecía un mendigo. Hasta tenía un aspecto parecido al del doctor CC, que se caracterizaba por ser un señor muy distinguido.

—Así es amiguito, me disfrazo de mendigo para sobrevivir. Llevo cinco años huyendo del gobierno. Si me atrapan, siento que me van a torturar para que les diga todo lo que sé, y cuando no aguante los golpes, y les termine contando, me van a matar para que no se me ocurra contarle a nadie la manera en que obtuvieron información ilegalmente.

Mi conocimiento es muy valioso y hasta cierto punto, peligroso. Nadie sabe lo que yo sé. No lo puedo decir en voz alta, no lo puedo ni susurrar, y a veces temo hasta pensarlo. Así que te voy a contar mi historia, y cómo llegué a saber todo lo que sé, pero no te puedo decir todo lo que he visto y conozco, porque temo ser escuchado. ¿Entiendes? —Leonardo no apartaba la mirada de la de Fernando—. Claro que entiendes. Me lo dice tu mirada.

Fernando sacó una latita de comida de gato de la alacena. Se la enseñó a Leonardo y le guiñó un ojo. La abrió y la vació en un platito de cerámica, y en otro igual le sirvió agua. Leonardo no entendía por qué y cómo Fernando tenía comida de gato en su casa. No podía esperar hasta escuchar la historia que le tenía que contar este interesante hombre. Prometía ser una historia fascinante.

—Bueno, Rocky, lo que te voy a contar es estrictamente confidencial. Me inspiras mucha confianza. Eres la primera criatura a la cual le cuento esto —Leonardo, que ahora era Rocky, lo observaba interesado—. Yo fui profesor de física en la universidad de esta ciudad. Tengo un doctorado en física teórica. Surgió una oportunidad para trabajar en un programa de investigación financiado por el gobierno. La paga era insuperable, y la investigación era demasiado tentadora. Me daba la oportunidad de conocer y ser testigo de eventos nunca antes vistos y confirmar sospechas y preguntas que nos hacemos a diario sobre la existencia y el origen del todo. En fin, no te voy a aburrir explicándote en qué consistía la investigación, pero a mí me contrataron para dirigirla. Me fui a vivir a una base secreta aquí en la isla, y los primeros meses fueron muy interesantes. Mi trabajo no era monótono. Cuando sientes que cada día descubres algo nuevo, es imposible aburrirte. Lo que no me gustaba era que no podíamos salir tanto, pues la investigación requería de mucha atención, y cuando eres el que diriges el proyecto, tienes muchas responsabilidades que no puedes abandonar. Éramos un equipo de veinte personas, y no lo podía descuidar.

En fin, cuando cumplí mi primer año en ese trabajo, un oficial del ejército enviado por el gobierno me fue a visitar a la base. Me pidió que firmara unos documentos de confidencialidad. No entendía bien de lo que me estaban hablando. Yo creía que el proyecto era confidencial y nunca comentaba nada con nadie. De todos modos, era casi imposible, pues no salía de la base y soy un hombre solo, sin familia.

Leí los documentos. Todo estaba en orden y los firmé. Luego, el soldado me pidió que lo acompañara. Salimos de la base y me llevó hasta unas puertas de madera que estaban en el suelo. Sí, Rocky, en el suelo. Al parecer yo no sabía mucho sobre mi lugar de trabajo. Abrió las puertas de madera y luego se deslizaron unas de metal, y aparecieron unas escaleras de color blanco. Me pidió que yo bajara primero, y luego él me acompañó. Cerró las puertas de madera. Ya dentro, el soldado presionó un botón de un aparato que tenía en su mano y se cerraron las puertas de metal. Se deslizaban tan rápido que podían rebanar cualquier extremidad. Todo estaba tan limpio, tan estéril, y se respiraba como cuando estás en un hospital. Bueno, no creo que tú hayas estado alguna vez en un hospital de personas, pero así olía. Entonces, me llevó por un pasillo igual de blanco que la escalera. Tenía muchas curvas, era como un laberinto. Me sentía en una película de ciencia ficción. Y bueno, abrió unas puertas enormes de metal. Lo que vi me dejó sin palabras. Miré al soldado con una cara de espanto, pero él no reaccionó a mi sentir. Luego señaló una entrada sin puerta que me llevaba a otro cuarto. Entré, y... mi vida cambió ese día. Unas puertas de vidrio grueso dividían la sala por la mitad: una para el soldado y para mí, y la otra... —detuvo el relato y miró a su alrededor—. Querido Rocky, no voy a repetir lo que vi en esa otra mitad de aquella sala, pero con eso que vi tuve que trabajar durante tres años. Había firmado un contrato, y no tenía escapatoria. A partir de ese día, mi trabajo se convirtió en un infierno donde las palabras *humanidad* y *ética* perdían todo su significado. Yo intentaba que lo que se llevaba a cabo en ese lugar fuera menos antiético y más humano, pero era imposible. Me sentía hipócrita, criminal. No podía continuar allí, pero si escapaba, no lo podía hacer solo. Necesitaba ayudarlos, a ellos, que, de ser objetos de investigación, se convirtieron en mis amigos. Si no los ayudaba, me iba a sentir miserable por toda mi vida, y ni el suicidio iba a compensar todo el daño del cual fui partícipe. Me pasé una semana diseñando la huida.

Tenía un gran amigo, un compañero profesor de mucha confianza. Aproveché el único día que me permitían salir, cada dos semanas, y me encontré con él. Le entregué todo lo necesario para que retirara todos mis ahorros, que como podrás imaginar eran muchos, pues nunca gasté un solo centavo del que me gané en ese lugar. Le pedí que lo escondiera en un lugar donde nadie se le ocurriera buscarlo, y que me dejara por escrito la localización y que escondiera la hoja de papel detrás de un cuadro del planeta Saturno que se encontraba —o encuentra— en el departamento de física de la universidad. Así lo hizo. Tenía un día más para salir de allí con mis amigos. No fue difícil, pues no me vigilaban. Me tenían plena confianza. Nunca demostré resistencia ni sospechas ante mis supervisores. Siempre llevé a cabo las tareas sin cuestionar porque desde que me indicaron el nuevo proyecto, entendí que tenía que desarrollar un plan para salir de allí. Me tomó tres años ganarme la confianza de mis jefes. Yo era uno de ellos, y podía hacer lo que quisiera. Mis amigos conocían mis intenciones y cooperaban con el acto. El momento de escapar fue a las tres de la madrugada. A esa hora ya todos estaban durmiendo. Mis cuatro amigos salieron conmigo. Dejé todo en ese lugar. De nada me iba a servir un documento de identificación. Sabía que mi vida iba a cambiar desde esa madrugada, y me la pasaría escondido para que no me encontraran y me asesinaran por haber echado a perder cientos de millones de dólares. Mis amigos me ofrecieron que me fuera con ellos, pero no podía hacerlo. Tenía que buscar el dinero y encontrarme con mi amigo profesor antes de comenzar mi nueva vida. Ellos partirían para siempre. Los abracé con todas mis fuerzas. Les tenía tanto cariño, y ellos a mí. Nunca pensé que tendría la oportunidad de encontrarme con seres tan maravillosos, y era muy triste saber que no los volvería a ver. Me hicieron prometerles que me iba a cuidar y que sobreviviría, y así lo hice. Entonces ellos me prometieron que volverían por mí en algún momento, cuando encontraran la oportunidad para regresar sin ser descubiertos. Se marcharon, y yo tuve que caminar hasta la universidad. No podía utilizar mi vehículo, porque en cualquier momento notarían la ausencia de mis amigos, y me vincularían con la desaparición. Tardé tres horas y treinta minutos en llegar caminando y corriendo. Me dirigí directamente al cuadro de Saturno del departamento de física. Ahí estaba la nota con la dirección del lugar en donde estaba todo mi dinero. La metí en el bolsillo cuando escuché a unos estudiantes hablar sobre algo que me hizo pedazos el corazón. Comentaban sobre un profesor que encontraron muerto en el baño de su casa. Se trataba de Alexander. Aparentemente murió de una sobredosis de heroína. Mi amigo no consumía ni acetaminofén. Pasaba los dolores de cabeza con el té que preparaba con hierbas de su propio huerto. Tampoco bebía alcohol. Lo asesinaron y luego lo cubrieron haciéndolo parecer como un adicto. No pude llorar en ese momento. No podía arruinar el plan y hacer que mi amigo muriera en vano. Salí de allí con mucho cuidado. La dirección me trajo hasta esta casita con aspecto de abandonada por fuera. Era de la familia de Alexander. Cuando murieron sus padres, la heredó. No tenía más familia que yo. Éramos… los mejores amigos. Aquí lloré por horas, hasta que sentía que me iba a desmayar. Luego entendí que no me podía descuidar, y que por el sacrificio de Alexander tendría que continuar con mi plan. Me dejó comida y artículos de primera necesidad para un año completo. Nunca he carecido de nada, Rocky, pero vivo disfrazado, huyendo. También me dejó varias pelucas, barbas, bigotes. Me disfrazo de mendigo para salir a comprar comida y artículos. Visito los botes de basura, pero no lo hago por necesidad. Es un acto que me sirve para reciclar los cuadernos que las personas desechan. Si se han dañado, les saco la parte que está seca y los llevo a reciclar. Siempre he reciclado y no lo iba a dejar de hacer por andar prófugo. En fin, esa es mi historia. Hoy se cumplen cinco años desde que me escapé, y eres el único ser al que le he podido contar sobre mi huida. Puedo sentir que eres especial.

¿Sabes? Los amigos que ayudé a escapar me enseñaron a ver más allá del cuerpo, y a utilizar otros ojos, con los que puedes ver el alma. Por eso quiero que seas tú el que herede mi fortuna y decidas lo que quieras. Sé que, siendo un gato, el dinero no te va a hacer falta, pero tal vez puedas encontrar a alguien que lo necesite. Bajo esta alfombra —señaló una alfombra circular de varios colores— hay un punto de metal dorado. Debajo de ese punto está enterrado mi dinero. El que tenga acceso a esa fortuna puede vivir sin preocupaciones por toda la vida. Te voy a escribir unas cartas. Se las vas a entregar a las personas que entiendas que deben tener mi dinero. Yo sé quién eres, Rocky. Lo puedo ver en tu mirada. Sé que vas a escoger bien. Yo no voy a necesitar esa riqueza. Puedo sentir que mis amigos me van a venir a buscar. Con ellos los bienes materiales no me harán falta. Voy a subir a esa montaña —señaló con el dedo hacia una montaña que se veía por la única ventana que tenía la casita, y el felino lo siguió con la mirada—, y luego no me vas a volver a ver.

Es increíble que haya llegado el ser que me va a ayudar a

completar mi misión en este mundo. Te estaba esperando, Rocky. No sabía la forma que tenías, pero sabía que vendrías. Sé que me entiendes, y por eso quiero que te concentres y pienses en los nombres de esas personas que deseas que tengan mi fortuna, y en el lugar en donde viven. Déjame ver tus pensamientos —se sentó frente al sabio gato y cerró los ojos.

Leonardo pensó en Claudia y Jaimy, y en Abigaíl y Gregorio. Pensó en las direcciones de ambos hogares, y Fernando logró captar todo. También le comunicó su deseo de llegar hasta su casa, y le reveló el nombre que Claudia y Jaimy escogieron para él: Leonardo. Fernando escribió dos cartas, una para Abigaíl y otra para Claudia y Jaimy, con las instrucciones para encontrar el tesoro.

—Rocky—Leonardo, esta carta es la que vas a entregar a Abigaíl. Te la voy a leer —Leonardo lo atendió sin pestañear un solo momento.

Querida Abigaíl,

Si recibe esta carta es porque ha sido seleccionada para heredar la mitad de mi fortuna. Debe seguir las instrucciones al pie de la letra.

Quiero que siga al felino. Él va a caminar hasta una casa que tiene aspecto de abandonada. Va a entrar a la casa, y ahí verá una alfombra redonda de color rojo, gris, azul, blanco y marrón. Debajo de esa alfombra va a encontrar una hoja de papel similar a la que tiene en manos, y un punto de metal dorado pegado al suelo. Ahí se encuentra mi fortuna. La hoja de papel es una carta que debe llevar a Claudia y a Jaimy. Estas dos personas tendrán la otra mitad de mi dinero. Debe encontrarlos en la siguiente dirección: G—57, Calle del Farol, Sirenas, IE.

Cuando entregue la hoja de papel, debe esperar a que Claudia y Jaimy la lean, y no se debe ir hasta hablar con ellos y planificar el momento en el cual van a desenterrar la fortuna. Le deseo mucha suerte. Sé que logrará mucho con ese dinero.

Es importante que no lleve al gato a casa de Claudia y Jaimy. Una vez el felino la lleve hasta la casita en donde se encuentra el tesoro, debe dejarlo ir.

Gracias,
Fernando

Leonardo se sentía feliz de saber que Abigaíl y su amigo Gregorio serían los dueños de una gran fortuna, pero sentía una emoción especial por Claudia y Jaimy. Ellos lo necesitaban tanto. Pasaban muchas necesidades, y la condición médica de Jaimy ya no sería una preocupación. ¡Sentía tantas ganas de saltar de felicidad!

—Te voy a leer la carta para tus amigos Claudia y Jaimy. Espero que estés de acuerdo con todo lo que escribí —leyó.

Querida Claudia y querido Jaimy,

Quiero que sepan que Leonardo (que también lo llamo Rocky) se encuentra bien, y que tuve la suerte de compartir con él unas horas, que fueron suficientes para entender lo especial que es. Se estarán preguntando cómo conozco su nombre. Bueno, digamos que Leonardo me permitió ver sus pensamientos. Ustedes dos son muy importantes para él y los ama muchísimo, pero deben saber que él tiene una casa a la cual tiene que llegar. Gracias a ustedes tuvo los cuidados que le ayudaron a estar más protegido durante su travesía.

Personas como ustedes deben ser recompensadas. Por eso deseo que usted tenga la mitad de mis bienes. Abigaíl la está esperando para que la acompañe hasta el lugar donde se encuentra, y juntas puedan acceder a los mismos.

Sé que esto le puede parecer fantástico o hasta un engaño, pero sepa que estoy haciendo esto porque Leonardo me lo ha indicado así. Todo lo que venga de parte de ese felino es bueno. No tema y vaya con Abigaíl. Disfrute de todo. Sé que va a alcanzar muchas metas utilizando este bien como respaldo.

Gracias,
Fernando.

Leonardo miró a Fernando a los ojos y pestañeó. Era la manera de decirle que estaba feliz con la carta que escribió para Claudia y para Jaimy. Le parecía tan injusto que una persona tan genuina tuviese que vivir la vida huyendo como si fuese un criminal.

Al parecer, aunque Fernando no se lo dejó muy claro, eso se iba a terminar.

—Bueno minino, Leonardo—Rocky, voy a subir a la montaña. Me voy a quedar ahí sentado meditando. Mis amigos vendrán por mí pronto. Déjame darte un abrazo. Gracias por existir —abrazó el pequeño cuerpo del felino—. Después de este abrazo, ya eres parte de mi vida —le sonrió.

Fernando se cambió de ropa. Estaba vestido de un color que Leonardo no recordaba haber visto antes. Colocó el sobre con la carta en el suelo y Leonardo lo tomó suavemente con sus dientes. Salieron de la casa. Ya estaba oscureciendo. Fernando le volvió a sonreír a Leonardo. Le dio la espalda y se dirigió hacia la montaña. El minino soltó el sobre y se quedó sentado en el balconcito de la pequeña casita de aspecto abandonado. Sentía que no podía perder de vista a su gran amigo.

—¿Cómo puedes conocer a un ser y en pocas horas sentirlo como a un gran amigo? —preguntó para sí—. Creo que cuando almas similares se encuentran, esto puede suceder. Ambas almas estamos buscando el camino a casa. Fernando está a punto de encontrarlo. Espero hacerlo yo —tocó el sobre con su patita.

El minino seguía observando la montaña. Podía ver la silueta de Fernando sentado, observando el cielo. Se veía tan pacífico, tan sereno, como si hubiese alcanzado lo más alto de la existencia. De repente la montaña comenzó a iluminarse poco a poco con luces de distintos colores. Fernando podía verse claramente, y el color de su ropa, que era desconocido para Leonardo comenzó a tomar el color de todas las luces que lo tocaban. Cada vez eran más intensas. El gato no podía dejar de mirar, no quería perderse de nada. La montaña estaba tan iluminada que ya era imposible divisar a Fernando. Entonces, de un golpe las luces desaparecieron, y junto a ellas también desapareció Fernando. Leonardo estaba inmóvil. Un silencio que nunca había experimentado se apoderó del lugar. Sabía que ya su amigo estaba donde tenía que estar. Le dio curiosidad y pensó subir hasta lo alto de la montaña, pero luego recordó la frase de la curiosidad y los gatos. Tomó el sobre con sus dientes y se fue a casa de Abigaíl. Sentía mucha emoción por volver a ver a su amigo Gregorio y conocer por fin a la gran Abigaíl. Cada vez se acercaba más la llegada a su casa.

GREGORIO, ABIGAÍL Y EL TESORO

—¿Por qué ladras, Gregorio? —Abigaíl corrió hacia la puerta de entrada para asegurarse de que el perro estuviese bien.

Frente a la puerta de la casa de Abigaíl y Gregorio estaba Leonardo, maullando en un tono bastante elevado. Buscaba llamar la atención de su amigo, pero este se encontraba dentro de la casa, pues Abigaíl no lo quería dejar solo para que no se volviera a perder. Escuchar la voz de la mujer le dio mucha paz. Sabía que se trataba de una linda persona, tal y como la describía su amigo.

—¡Querido amigo! ¿Eres tú? Estoy dentro de la casa. Ya pronto viene mi ama a abrirte la puerta —dijo el emocionado perro.

—¿Por qué ladras tan desesperado, mi amor? —preguntó la mujer luego de acariciar la cabeza del perro sin tocar la oreja—. Pronto te toca tu antibiótico, cariño. Te estás portando tan bien. Eres el mejor perro.

Abigaíl abrió la puerta de entrada de la casa y encontró a Leonardo sentado en la alfombra, encima del sobre que estaba destinado a ella. Le causó mucha curiosidad y al mismo tiempo sintió la necesidad de buscar su cámara para retratar al minino. Nadie le creería lo que acababa de ver. De repente, Gregorio empujó la puerta y corrió a lamer a Leonardo. Abigaíl trató de detenerlo al principio, pero luego, al ver cómo ambos animales se regocijaban al verse, entendió que se trataba del famoso Leonardo, el gato del cual le hablaron en el hospital del doctor CC.

—¿Eres Leonardo? —el felino se apartó del sobre y la observó. Abigaíl tomó el sobre.

Cuando la mujer terminó de leer la carta metió a Gregorio y a Leonardo a la casa, para sentarse a pensar. No podía creer lo que estaba sucediendo. Su mente estaba siendo inundada por una lluvia de pensamientos infinitos. Siempre le habían dicho que los animales no pensaban, que no razonaban. Ella, por supuesto, nunca lo creyó, pero tampoco lo descartaba. Recordaba sus primeros días en la escuela: una niña pálida, delgada y con un cabello muy oscuro, que todavía a sus cincuenta años lograba mantener sin la necesidad de utilizar un tinte. Su padre nunca le permitió tener una mascota. Tenía una fascinación por ayudar a los animales, y siempre era criticada por su familia. Quería ser veterinaria, pero todos los miembros de su familia estudiaron algo relacionado con la salud humana. No tuvo más remedio que seguir los pasos de la familia. Estudió enfermería. Trabajaba en el hospital de la ciudad. Cuando tuvo la oportunidad, se mudó de casa de sus padres. Su familia era feliz por ella, pero ella no. Sentía que le faltaba algo, y ese algo lo encontró hace dos años atrás en el estacionamiento del hospital, cuando salía de su turno de madrugada. Era un perrito negro muy pequeñito. Tenía unos días de nacido. Lo llevó al hospital del famoso doctor CC, y allí lo fortalecieron para que Abigaíl lo adoptara. Su vida cambió el día que conoció a Gregorio. Le puso ese nombre en honor a un profesor de literatura que tuvo en la universidad. Ese profesor le dio las herramientas para que aprendiera a pensar por su cuenta, con su cabeza y no con la mente colectiva familiar. No podía negar que se enamoró de la profesión que escogió dentro del catálogo de opciones familiares, pero de alguna manera deseaba ayudar a los animales.

Su sueño era tener un refugio para todos esos peludos abandonados o nacidos en la calle. Quería darles a otros la misma oportunidad que le dio a Gregorio. Tenía claro que para lograrlo al nivel que deseaba, necesitaría mucho dinero. Solía bromear diciendo que cuando se sacara la lotería, lo lograría. Ahora, en la sala de su casa, junto a su peludo amigo y un misterioso felino, estaba casi segura de que era posible que se cumpliera su sueño. Por más fantástico que pareciera todo, ella iba a seguir las instrucciones de la carta. Suspiró, le colocó la amarra a Gregorio en su collar, y miró a Leonardo.

—¿Me llevas a la casita que menciona la carta? —Leonardo corrió hasta la puerta y comenzó a maullar. Abigaíl, conteniendo la emoción del momento, caminó junto a Gregorio hasta la puerta, y la abrió.

Los tres salieron de la casa y se detuvieron en la entrada. La delgada mujer esperaba por las direcciones de Leonardo. El sabio felino estaba inmóvil observando la amarra que conectaba con el collar de Gregorio, e inmediatamente cambiaba la vista hacia Abigaíl. La pelinegra mujer entendió lo que le quería decir el felino. Al mismo tiempo le parecía increíble que un animal pudiera comunicar tanto con tan solo una mirada. Ahí entendió que el lenguaje no necesariamente es una cualidad superior que poseen los humanos, sino que podría tratarse de una limitación.

—Ojalá y los seres humanos fuéramos tan avanzados como ustedes, y así poder decirnos todo con las miradas. Erradicaríamos la mentira y el engaño —sonrió y suspiró al mismo tiempo—. Bueno, ya Gregorio es libre. Ahora llévame hasta donde está el tesoro.

Leonardo y Gregorio se adelantaron dos pasos humanos de Abigaíl. Ella los seguía confiada. Mientras tanto, el perro y el gato aprovecharon para conversar. Ambos sabían que ese día sería su última conversación, pero estaban felices de verse y de poder ayudar a que Abigaíl cumpliera su sueño.

—Veo que cortaron un pedazo de tu oreja —dijo Leonardo sin quitar la vista del camino.

—No sentí nada, pero soñé contigo y la vieja payasa en todo momento. Le clavabas las uñas y salías corriendo del garaje —volteó la cabeza para asegurarse de que Abigaíl estaba detrás de ellos.

—Creo que jamás vas a olvidar ese suceso. Espero que no me recuerdes como el gato que clavó sus uñas a una señora mayor —Gregorio lo miró.

—Te voy a recordar como el felino que salvó mi vida.

Abigaíl observaba la interacción de ambos animalitos, y sabía que estaban conversando. No le parecía extraño. Le parecía natural, pero le era imposible no sentirse pequeña ante ellos. Sabía que ellos la podían entender, mas ella no podía entender lo que ellos se comunicaban. Tal vez era mejor así porque Leonardo le estaba contando a Gregorio las fascinantes horas que vivió con Fernando.

—Me alegra mucho haberme quedado en el hospital. Me hubiese dado miedo. Las luces me asustan —dijo Gregorio sin detener su camino.

—A mí no me dio miedo. Fue hermoso ver esos colores, y muy emocionante ser testigo de la libertad de Fernando —se detuvo al percibir que estaban cerca.

Gregorio y Abigaíl dejaron de caminar y esperaron hasta el próximo movimiento de Leonardo. La mujer logró divisar la casita con apariencia de abandonada entre los arbustos.

—Leonardo, ¿esa es la casa? —señaló.

Leonardo maulló y se desvió hacia la izquierda. Abigaíl y Gregorio lo siguieron. Le estaban dando la vuelta a la casa para llegar hasta el frente. La pálida mujer sentía que se asfixiaba al notar la carencia de ventanas. Pensaba que era imposible que un ser humano viviera en ese lugar. El gato se sentó frente a la puerta. Ella la abrió y entró a ese lugar tan oscuro y caluroso. Cuando notó ropa y otros artículos, intentó por un momento imaginar la vida de Fernando en ese lugar. Sintió un poco de miedo, pero no era hora de retroceder. Localizó la alfombra redonda y cuando la levantó, se encontró con el sobre que contenía la carta para Claudia y Jaimy. Leonardo y Gregorio entendieron que ya era hora de despedirse. Abigaíl vio a los animales interactuando y asumió lo mismo que estaba sucediendo. Decidió concederles el espacio que necesitaban.

—Querido amigo, deséame suerte. Ya me voy a mi casa. Me espera un largo camino —dijo el felino ante la mirada triste del perro.

—No me gustan las despedidas. Sé que debes ir a tu casa, pero quisiera que te quedaras conmigo y con Abigaíl —lamió la cara de Leonardo.

—Lo sé. Piensa que voy a estar bien. Sabes que soy bastante listo, y ahora mi camino me llevará directamente a mi casa. Voy a intentar tomar atajos para llegar rápido —le acarició el hocico al perro con su frente.

—¿Te voy a volver a ver? —preguntó Gregorio.

—Tal vez en la próxima vida

Abigaíl, fascinada, se acercó hasta el felino. Le acarició la cabeza y le sonrió. También tocó a su perro, animándolo, pues percibió su tristeza.

—Supongo que ahora te vas a ir. También supongo que se estaban despidiendo. Te doy las gracias. Probablemente has afectado tantas vidas. Espero que te vaya bien, sea cual sea tu camino — Leonardo les dio una última mirada y salió de la casa sin mirar a atrás.

La mujer y su perro se acercaron a la puerta para contemplar al felino alejarse del lugar y desaparecer entre los arbustos. El triste perro pegó su cuerpo de las piernas de Abigaíl y ella le acarició la cabeza, con cuidado de no tocar la oreja operada.

—Pronto estarás en tu casa, querido amigo —pensó Gregorio.

LA LLEGADA A LA CASA

Leonardo estuvo cuatro días viajando por los bosques, viviendo de la caza y durmiendo en la parte alta de los árboles. El felino no podía permitirse más distracciones. Sabía que esta ruta lo llevaría hasta su casa, aunque no era un camino sencillo. No tenía posibilidades de encontrar tanta comida en el bosque. En la ciudad bastaba con maullar de manera tierna para que un alma generosa le regalara algo de comer. Él era un excelente cazador, pero no podía obtener tanto. El agua tampoco estaba disponible durante toda la travesía. Se detenía en riachuelos para beber y seguir caminando. Estaba adelgazando y se sentía cansado, pero necesitaba llegar a su casa.

Dormía menos de lo que se supone que un gato durmiera. Lo hacía durante el día, en las ramas de los árboles frondosos para evitar los golpes solares que podían deshidratarlo. Cuando caía la noche, caminaba y corría sin detenerse. Aprovechaba el silencio y la protección que le daba la oscuridad para acercarse más hasta su hogar. Cuando se manifestaba la mirada luminosa del sol, salía a cazar, a buscar agua, y un árbol para descansar. Así pasaba los días el disciplinado felino.

—¿Qué es eso que veo ahí? ¿Un ratón? ¿Una lagartija? Es muy grande para ser una lagartija. Parece ser un ratón. Bueno, hoy me toca ratón otra vez —adoptó una posición de ataque—. Odio comer ratones. No me acostumbro. Creo que jamás me acostumbraré. Sin embargo, siento un extraño placer en cazarlos. Nunca pensé que sería posible disfrutar este tipo de actividad. Bueno, cuando llegue a mi casa, lo hare por diversión. No creo que me haga falta cazar allí. Eso espero —pensó.

Tomó al ratón entre sus patas y le mordió el cuello hasta dejarlo sin vida. Lo dejó tirado en el suelo y se alejó un poco para estudiarlo. No era tan grande, pero tampoco tan pequeño como para confundirlo con una lagartija. Pensó que debió haber estado muy hambriento para sufrir tal confusión. Un poco de carne de la barriga, la cola siempre le daba asco, y la cabeza y las patas estaban fuera del menú.

Cuando terminó su pequeña porción de comida, no podía dejar de pensar en las delicias que obtenía por parte de Claudia y Jaimy, o lo que le regalaban en la ciudad, o la deliciosa porción que le dio Fernando. Esa fue la última comida fácil y decente que obtuvo. Sentía que había pasado tanto tiempo, y era el mismo tiempo el que le recordaba que necesitaba pensar menos y caminar más. Todavía el sol no se había presentado por completo. Podía continuar para encontrar un poco de agua. No detuvo su caminar por horas, y entró a un bosque húmedo y espeso que le aseguraba un cuerpo de agua. Ahí estaba el riachuelo cristalino. El sonido del agua deslizándose por las piedras le causaba una sensación familiar. Sentía que conocía todo lo que lo rodeaba. Corrió hasta el riachuelo y tocó el agua con la punta de su nariz. Bebió disfrutándola, sin la tensión de pensar que más adelante tendría que conseguir otro riachuelo. Ahora tendría un plato de agua, un plato de comida, como en casa de Jaimy y Claudia, pero con una gran diferencia: ahora estaría en su casa.

Terminó de saciar su sed, y lanzó un suspiro de emoción. Estaba ya muy cerca. Caminó un poco más por una angosta vereda que tenía árboles de pino a ambos lados. Al final, a la derecha, se encontraba un hermoso flamboyán. No pudo contener los deseos de subirse al mismo. Sin pensarlo, se encontraba en una de las ramas abrazándola, sintiéndola, dejándole saber lo mucho que lo había extrañado, y lo orgulloso que se encontraba de verlo tan crecido y frondoso.

—Estás hermoso. Eres mi precioso árbol —pensó cerrando los ojos y acercando su nariz a la madera—. Ahí está, esa es la casa a la cual pertenezco. Ahí está mi familia, y ahí me quedaré hasta que me vuelva a llegar la hora —se bajó de la rama con gran habilidad.

Pensó correr, pero no quería perderse de la belleza que le rodeaba. Se sentía tan pequeño ante la anchura del camino que lo conducía hasta el portón de entrada. A ambos lados del portón había dos palmeras muy altas, y sentía que se mareaba cuando intentaba llegar hasta la cima de las mismas con su mirada. El patio tan grande y tan verde lo hacían sentirse seguro y feliz. No sabía si maullar o subir las escaleras hacia el segundo nivel de la casa. No había planificado su entrada. Tenía poco tiempo para decidir, pues por su rapidez natural, ya se encontraba en la parte baja de la casa, al lado de los vehículos. Olvidó su plan cuando escuchó unos pequeños maullidos que provenían de la parte trasera de la estructura. Recordó a su pequeño amigo Pablo. Desvió su intención inicial y se fue a investigar. Cuatro pequeños mininos salieron de la parte de atrás de la casa, corriendo, maullando y gruñéndose unos a otros. Al parecer estaban jugando como juegan los pequeños, como si estuviesen peleando la batalla de sus vidas, pero sin provocarse daño alguno. Le extrañó mucho ver gatitos pequeños en esa casa. Se preguntaba de dónde habían salido, si acababan de llegar al igual que él, o si pertenecían a ese lugar. ¿Habría cabida para él? ¿Habrá cometido un error en dejar a Claudia y a Jaimy? Mientras pasaban todas esas preguntas por su mente, no se percató de que se encontraba rodeado por los pequeños gatitos. Cuando quiso acercarse al primero, este le gruñó haciéndole saber que no lo rodeaban para saludarlo, sino para atacarlo. Movía su cuerpo hacia todas partes para no perder de vista a ninguno de los pequeños, pues sabía que lo podían atacar por la parte trasera. Comenzó a decirles que se alejaran, que no le hicieran daño.

—¿Y ese maullido tan raro? No son los gatitos, y la mamá gata no maúlla de esa manera —una joven de quince años se levantó de la silla en donde se encontraba desayunando con su hermano de dieciocho años—. ¡Vamos a ver!

Los hermanos salieron al balcón por la puerta de la cocina, que conducía directamente a la escalera de la casa, y se encontraron con la extraña escena: un gato grande y delgado siendo atacado por cuatro pequeñines que apenas tenían dos meses de edad.

—¡Mira lo que hacen! ¡Qué abusadores! ¡Dejen a ese pobre gatito! ¿No ven lo flaquito que está? —dijo el joven de cabello negro y pestañas rizadas, mientras bajaba las escaleras rápidamente para rescatarlo—. Danita, aleja a los gatitos mientras yo agarro al gato grande.

—Tomy, ten cuidado. Se ve bien asustado —los gatitos se alejaron cuando vieron a Dana acercarse a ellos—. Tan miedosos que son con nosotros y tan valientes frente al gato—. Siguió a Tomy, que ya tenía al felino en brazos.

Subieron las escaleras y entraron por la cocina con el gato. Tomy lo colocó cuidadosamente en el suelo temiendo que se escapara y no lo volvieran a ver. Dana sirvió comida en un plato de cartón mientras su hermano acariciaba al gatito.

—Seríamos unos estúpidos si te preguntáramos si tienes hambre. No te vamos a hacer daño. Come tranquilo aquí. Esos gatitos no te van a molestar más —Dana colocó el plato en el suelo.

El felino se acercó al plato, pero antes de probar el alimento, se volteó para mirar a los hermanos que lo contemplaban con amor y emoción. Les maulló y comió demostrando que había pasado varios días sin una comida decente. Los chicos se miraron a los ojos sorprendidos.

—Parecería que nos dio las gracias —Dana asintió con fascinación.

—¿Qué vamos a hacer con él? —preguntó Dana a su hermano.

—No sé. Cuando nuestro padre llegue a la casa, nos va a decir que se tiene que ir. Ya sabes que tampoco quiere que se quede la gatita con los pequeñines —el felino dejó de comer y les maulló a los chicos con la boca llena de comida—. ¡Pobrecito! Danita, no le serviste agua —Tomy sacó un plato de vidrio para servirle agua.

—¡No! No le sirvas ahí, que si Mamá nos ve haciendo eso, nos mata. Sírvele en uno de plástico. En la segunda gaveta de la derecha hay —buscó un plato desechable de plástico y se lo entregó a su hermano.

—Toma, aquí tienes agua. ¡Qué mirada tan hermosa tienes! Ay, yo quiero que te quedes aquí con nosotros. No nos lo pueden quitar. Mira qué bueno y decente es —acarició al felino—. ¿Qué nombre le vamos a poner? —preguntó mientras el minino seguía comiendo.

—No sé, pero vamos a sacarlo al balcón. Si llegan y nos

atrapan con un gato en la cocina, no quiero saber el regaño que nos van a dar —le quitó el plato de comida al gato y lo colocó en el balcón—. Ven, come aquí, precioso—. El minino se acercó y continuó comiendo.

—Ay Danita, qué gato tan bello. Es mío. Lo quiero para mí —sonreía mientras observaba al gatito.

Tomy sintió una conexión inexplicable con el felino. Parecía que era parte de su vida, que lo conocía desde hacía mucho tiempo. Sin embargo, el padre de ellos no era muy amistoso con los animales. Temían que, al llegar, comenzara a pelear y sacara al gatito de la casa.

Los cuatro pequeños con la mamá gata fueron encontrados por la madre de los chicos, y por el momento tenían la protección de ella, pero tampoco era muy seguro que pudieran conservarlos. Se habían quedado en la casa con la condición de darlos en adopción cuando estuviesen más creciditos.

—Yo no sé por qué no podemos tener una mascota. Es increíble que nuestro padre se desviva por complacer a todas las personas de este pueblo, pero cuando se trata de nosotros, es todo lo contrario. Mientras más infelices seamos, más satisfecho está él —el felino escuchaba atento las palabras de Tomy.

Tomás, el señor de la casa, era un ministro de una iglesia protestante muy conocida en el pueblo. Las personas lo querían y admiraban mucho por lo bueno que era con ellos. Había construido un templo hermoso para celebrar los servicios y para opacar los demás templos de las demás iglesias protestantes. Vivían en una constante competencia. Si querían ser la iglesia con más personas, tenían que poseer una estructura que llamara la atención, y una iglesia estable requería de un líder fuerte y dedicado. El señor Tomás era el ministro que cualquier iglesia deseaba tener, y el padre que cualquier hijo no quería tener.

—Creo que ya están aquí —escucharon el ruido de un carro parecido al de su padre—. Verifica —Danita asomó la cabeza por la ventana.

—No son ellos. Tomy, ¿qué vamos a hacer con el gato

cuando lleguen? Es que sé que nuestro padre se va a molestar y nos va a gritar —Tomy pensó.

—Vamos a esconderlo en el cuarto de estudio y le decimos a Mamá que nos ayude —miró con ternura al gatito que se encontraba bebiendo agua del plato plástico.

—¿Tú crees que Mamá lo pueda convencer? —preguntó la esperanzada Dana.

—Bah, tú sabes que ella hace lo que nuestro padre quiera. Si fuera por ella tendríamos la casa llena de animales, pero al fin y al cabo ella va a hacer lo que él diga. Recuerda que él tiene la última palabra en esta casa —su mirada de disgusto y sus palabras eliminaron el rayo de esperanza que había invadido a Dana—. Vamos a tener que decir que le vamos a buscar un hogar y esperamos a ver si se acostumbra a él y le permite quedarse —Tomy se encogió de hombros.

—Ya no protesta tanto por los gatitos bebés. A lo mejor nos deja tener a los dos blancos de pelo largo y tal vez nos deja a este. Total, si es un gato bien bueno. ¡Es un santo! —el gatito pegó su cuerpo de las piernas de Dana.

—Sí, pero no es de raza. Los bebés blancos y peludos parecen de raza y por eso quiere que nos quedemos con ellos. Los otros dos y la mamá no correrán con la misma suerte —Dana suspiró al escuchar la pura verdad que salía de la boca de su honesto hermano.

—Vamos a llevarlo al cuarto de estudio con nosotros. Cárgalo, y yo llevo los platos de comida y agua —vació un poco de comida seca de gato en una bolsa plástica transparente mientras Tomy bajaba las escaleras con el gatito en brazos.

—Se quedó muy quieto —sonrió. Este gato se queda con nosotros. No vamos a permitirle al rey de la casa que nos lo quite. Danita, tenemos que defenderlo. No nos podemos dejar esta vez — Dana le regaló una sonrisa llena de fuerza a su hermano.

Cuando la joven entró a la recámara que ella y su hermano utilizaban para estudiar, se encontró con la escena más hermosa: su hermano tumbado bocarriba en el suelo, y el gato dormido en su pecho. Entró en silencio para no hacer mucho ruido y despertar al minino, pero él no estaba dormido. Nada más descansaba en el pecho de su compañero. El felino no podía creer que por fin pudo estar junto a él, aunque no lo reconociera. Dana colocó los platitos en el suelo, sirvió más agua, y se acercó a su hermano. El gato se levantó y se acercó a ella. Le maulló y acarició su mano con su nariz. Los hermanos, ajenos al cariño por parte de una figura masculina, se sentían extraños y al mismo tiempo feliz.

—No hemos decidido un nombre para él —el minino levantó la cola y caminó un poco, explorando los alrededores del cuarto de estudio.

—Por lo que acabo de ver, creo que le deberíamos llamar Bolo —Dana sonrió ante la ocurrencia de su hermano.

—¿Sabes qué? Me encanta ese nombre. Así se va a llamar —se acercó al felino y lo miró a los ojos—. Ese será tu nombre: Bolo.

Los hermanos escucharon que un vehículo se acercó y se miraron asustados. Dana salió del cuarto de estudio para ver si se trataba de sus padres. En efecto, eran ellos. Sintió que se le iban a salir los orines y la excreta al mismo tiempo. Temía que su padre encontrara a Bolo y comenzara a gritarles. Su corazón latía con rapidez. Regresó a la recámara y su hermano reconoció la mirada aterrorizada.

—Ya llegaron, ¿verdad? —se levantó de súbito y caminó de un lado para otro—. Bien, vamos a dejarlo aquí. Nuestro padre no va a venir hasta acá —se agachó para acercar su rostro al de Bolo—. Quédate aquí tranquilito. No hagas ruido y pórtate bien. No te pueden descubrir.

Tomy sintió que Bolo lo entendió y que de alguna manera le hizo saber que se iba a quedar callado. Al igual que con las otras personas que lo conocieron, Dana y Tomy notaban algo extraño en la mirada del felino. Sentían que podían ver su alma reflejada en esos ojos azul verdosos. Su presencia los llenaba de esperanza. Necesitaban luchar la estadía de ese ser extraordinario, aunque eso significara tener que luchar en contra del patriarca del hogar.

—Vamos a salir como si nada. Aquí no ha pasado nada —dijo Dana con cara de espanto.

—Si sigues con esa cara de espanto, nos vas a delatar y el pobre Bolo no va a durar ni un día aquí. Relájate. No nos van a descubrir, por ahora —le dio una palmada a su hermana en la espalda para calmarla.

—Compramos comida china porque vamos a salir a visitar a la querida hermana Guillermina, que está enferma —la madre de los chicos entró a la cocina con unas bolsas de papel y los besó.

—Mujer, sírveme la comida. Me voy a dar un baño para cambiarme de ropa —se metió al baño mientras la madre de los chicos obedecía el pedido.

Marcia Beatriz era su nombre. Las personas del pueblo la llamaban Betty. No le gustaba su primer nombre. Así que adoptó Beatriz como el único. Tomás la llamaba la mayor parte del tiempo «mujer», y otras veces la llamaba Betty. Nunca se sabía cuándo iba a utilizar un nombre o el otro para llamarla. Ella, ama de casa silenciada y sometida a la voluntad de su marido, nunca se quejaba, trabajaba sin descanso para que la casa estuviese limpia, y para que todos los días se sirviera en la mesa comidas variadas. No quería que su esposo se cansara de comer lo mismo. No solía repetir el menú la misma semana. Servía la comida como si fuese un restaurante de lujo. Todos disfrutaban del manjar, pero ella comía con los ojos. Terminaba tan cansada de hacer tantas cosas al mismo tiempo, que nunca podía sentarse a comer a la mesa. Probaba algo, y optaba por un café y cualquier otra cosa para acompañar. Los hermanos a veces comentaban que en toda su vida la habían visto sentarse a la mesa con ellos unas dos veces. Cuando compraban comida en el único restaurante que había en el pueblo, un restaurante chino, ella podía comer, pero no se sentaba, sino que lo hacía de pie. No estaba acostumbrada a sentarse. Probablemente le incomodaba hacerlo o se sentía culpable. No sabían por qué lo hacía.

—¿Le decimos? —preguntó Dana mientras la observaba servir la comida a su padre.

—No, mejor cuando lleguen en la noche. Está apurada y

estresada —dijo Tomy antes de acercarse a la cocina.

—Sírvanse lo que quieran. Yo no voy a comer. Tu padre está bien apurado y a mí no me va a dar tiempo. Me voy a tener que ir a ver a la hermana Guillermina sin bañarme y cambiarme de ropa —siguió dando vueltas en la cocina, nerviosa.

—Mamá, mientras él come, tú te puedes bañar y cambiar —dijo Tomy molesto.

—Es que tengo que estar pendiente a la comida, porque si se le enfría se la tengo que calentar porque a él no le gusta la comida fría —Tomy respiró profundo antes de estallar ante la situación.

—Mamá, prepárate. Nosotros le calentamos la comida para cuando se siente a la mesa la tenga como quiere —dijo Tomy en tono sarcástico.

Betty abandonó la cocina y los hermanos se sirvieron algo de comer. Estaban ingiriendo los alimentos lo más rápido posible para no tener que comer junto a Tomás. La presencia de su padre les parecía tan tóxica y negativa, que evitaban tenerlo cerca. A penas pasaba tiempo en la casa, y cuando lo hacía, buscaba la manera de hacerlos sentir mal.

—Nunca seas así. Nunca vivas sometida a un hombre. No dejes que hablen por ti, no le sirvas a nadie. Toma tus propias decisiones. Aléjate de los machistas. De lo contrario, vas a terminar como nuestra pobre madre —miró a los ojos a Dana, que lo escuchaba atentamente y asentía.

Cuando escucharon que la puerta del baño de la planta baja de la casa se cerró, metieron la comida china dentro del microondas por un minuto para que se calentara bien y evitar escuchar la protesta de su padre. Solía vestirse rápidamente. Así que se desesperaban y sentían que el microondas contaba los minutos más largos. Escucharon los pasos que tocaban cada escalón de la escalera del interior de la casa, que conducía al cuarto de Betty y Tomás.

—Ahí sube. ¡Saca la comida! ¡Yo le sirvo un vaso con agua! —Dana sirvió el vaso mientras Tomy corría hacia la mesa con el plato.

—Ya. Dame el vaso —le quitó el vaso de agua a su hermana

y lo colocó al lado del plato.

—¡Un tenedor! —Dana colocó un tenedor sobre una servilleta al lado del plato.

Los hermanos estaban listos para abandonar el comedor e irse al cuarto de estudio, pero Tomás los alcanzó a ver. Sintieron la mala energía de su presencia y se quedaron paralizados. Comenzaron a hiperventilar y se miraron a los ojos. Evitaron en todo momento mirar a su padre, lo que era muy común, ya que no solían mirarlo a los ojos. Decidieron abrir la puerta para irse, pero el padre los detuvo.

—¿A dónde van? —preguntó con voz autoritaria.

—A estudiar —contestó Tomy mirando el plato de comida.

—Si van a estar en la oficina, apaguen las luces de la casa —dijo en tono áspero, y los chicos asintieron—. ¿Oyeron? —elevó el tono de voz.

—Sí. —dijo Tomy procurando que su tono no fuese a malinterpretarse como un grito y terminara molestando a su padre.

—¿Y tú, Dana? ¿Me escuchaste? —preguntó en el mismo tono autoritario.

—Sí, escuché —contestó ocultando su molestia.

—Y cuando salgan del cuarto de estudio, lo cierran bien y apagan la luz —los chicos asintieron y se desaparecieron ante la mirada oscura y odiosa de su padre.

Los hermanos bajaron la escalera exterior y se fueron a estudiar, pasando la molestia de tener que escuchar a su padre tratando de provocarlos con sus mandatos absurdos. Dana y Tomás eran buenos chicos. Tomás cursaba su primer año de ingeniería y Dana cursaba el undécimo grado de escuela superior. Ambos tenían las mejores calificaciones y en el pueblo se hablaban maravillas de ellos. Betty se sentía sumamente orgullosa de sus hijos. Sin embargo, Tomás siempre los humillaba, buscaba la manera de opacar el éxito de ellos, dejándoles bien claro que el único que trabajaba duro en la casa era él. Los hermanos soñaban con marcharse pronto. Deseaban vivir en un lugar donde pudiesen ser libres. Vivían bajo la mirada de un pueblo que esperaba que fuesen la familia perfecta. Para el pueblo eran la familia perfecta. Para ellos, ese hogar era un infierno.

—¿Entramos o esperamos a que se vayan? —preguntó Dana a su hermano.

—No sé. Tenemos tan mala suerte que probablemente se aparece por aquí a ver qué estamos haciendo —colocó la mano en la puerta, sin abrirla.

—Vamos a verificar que Bolo esté bien, y luego entramos a la casa y nos quedamos en mi cuarto hasta que estén a punto de salir —su hermano la miró confundido mientras deslizó la puerta de acero del cuarto de estudio.

—¿Para qué vamos a hacer eso? —preguntó Tomy con rostro irritado.

—Para que vea que apagamos las luces y no tenga una excusa para pelear —dijo la estresada Dana.

—Danita, ya estás como Mamá. Deja el estrés. Vamos a quedarnos aquí estudiando y cuando se vayan apagamos las luces de la casa o que las apaguen ellos —sonrió al ver a Bolo acercarse a ellos cuando entraron al cuarto de estudio.

—Tomy, tú sabes que él siempre quiere pelear y fastidiar. Si viene hasta acá para decirnos que apaguemos las luces, va a ver a Bolo y es capaz de montarlo en el carro y dejarlo tirado en una calle solitaria. Vamos a mi cuarto y esperemos. Hagámoslo por Bolo —Tomy asintió, seguido de un suspiro de frustración.

Abandonaron el cuarto de estudio y volvieron a dejar a Bolo solo. Se dirigieron a la casa nuevamente. Subieron las escaleras, entraron por la puerta de la cocina, y pasaron por el comedor tratando de ocultar ante el padre que tenían a un gato en el cuarto de estudio.

—¿Ya estudiaron? —preguntó Tomás con un tono lleno de sarcasmo.

—Vamos a esperar a que ustedes se vayan para apagar las luces de la casa —dijo Dana observando el plato de comida ya vacío, para evitar mirar a su padre.

—No se pongan a perder el tiempo, que después se están acostando tarde y no me dejan dormir haciendo ruido. Estoy bien cansado de tanto trabajar. Ustedes no, porque ustedes no hacen nada —Dana y Tomy se fueron al cuarto y dejaron al padre quejándose solo.

Mientras tanto, Bolo se encontraba acostado en el suelo del cuarto de estudio, bajo una cama que tenían para cuando se quedaban desvelados. Betty tuvo la idea de poner una cama allí con la intención de que sus hijos la usaran si tenían que desvelarse o descansar entre sesiones de estudio. Le preguntó a Tomás si era buena idea y a él le pareció que era una buena imagen ante los feligreses y personas que los visitaran: el ministro que se preocupa por su familia y se sacrifica por darle lo mejor a sus hijos. La cama se instaló y los hermanos tenían un lugar cómodo y separado de la casa para estudiar.

—¡Qué dolor siento en mi corazón! Pobres hermanos, que teniendo un alma tan hermosa no pueden tener animalitos. Este hogar es un caos. Tengo que hacer algo para que las cosas se arreglen. Temo por la salud emocional de estos jóvenes —pensaba Bolo, mientras seguía escondido bajo la cama—. Les voy a dar todo el cariño y amor que les hace falta —escuchó que la puerta se estaba abriendo.

—¡Bolo! Ya estás fuera de peligro. ¿En dónde estás? —Tomy colocó unos libros sobre el escritorio y miró a su hermana.

—No se pudo haber escapado. Cerramos con él dentro —Bolo salió de debajo de la cama estirando sus patas delanteras y luego las traseras—. ¡Míralo! Se escondió. Él entiende y sabía que se tenía que esconder por si acaso nuestro padre entraba al cuarto. ¡Eres un gato sabio! —Dana colocó una manta en el suelo—. Puedes acostarte donde quieras, pero si te dan ganas de dormir en el suelo, aquí hay una manta —añadió una caja con periódicos al lado de la manta—. Y aquí tienes una cajita para que hagas tus necesidades. Por ahora no puedes salir porque te pueden atrapar. Así que aquí vas a hacer lo que tengas que hacer —le tocó la punta de la nariz con su dedo índice de la mano derecha.

Cuando Bolo terminó de escuchar a Dana hablar, se acercó a la caja de periódicos y se colocó en posición para orinar. Luego movió los periódicos con la pata para tapar los orines. A Tomy se le ocurrió proteger el fondo de la caja de cartón con plástico para que no se deteriorara y así fuese más fácil desecharla. Todo parecía perfecto, pero los hermanos sabían que no iban a poder esconderlo por mucho tiempo. Tarde o temprano su padre entraría al cuarto de estudio y se acabaría la felicidad. Era un viernes. No tenían clases hasta el lunes. Podrían estar todo el tiempo con él hasta ese día. Le iban a decir a Betty que los ayudara a mantenerlo oculto.

—Mamá nos puede ayudar, pero eso no nos garantiza que nuestro padre no lo vaya a descubrir. Él no suele entrar mucho aquí, pero lo hace —Tomy escuchaba a su hermana y se sentó en la cama a pensar.

—Pensé pedirle a Ana si lo podía tener en su casa, pero al mismo tiempo creo que él debe estar aquí. Entregárselo a otra persona sería darle el gusto a nuestro padre de que siempre haga lo que quiera y nos controle. Siempre se tiene que cumplir su voluntad. ¡El rey de la casa! No es justo. Nosotros no somos malos hijos. Mejor no nos podemos portar. No es malo ayudar a los animales, darles un hogar. ¿Qué tiene esto de malo? —Bolo notó el rostro de frustración de Tomy, se subió a la cama y pegó su cuerpo a sus brazos—. Mira qué cariñoso es. Es tan bueno. Yo quiero que se quede aquí con nosotros. No podemos dejar que nos lo quiten —le dio un beso en la cabeza a Bolo.

—Nosotros nos vamos a encargar de él, igual que nos encargamos de la mamá con los gatitos. No entiendo cuál es el problema. Ni siquiera se sienten. Además, tú eres el que compras la comida. Ellos no tienen que gastar nada —Tomy fijó la vista en el suelo mientras escuchaba a su hermana.

—No vamos a pensar en eso por ahora. Vamos a estudiar rápido para luego pasar tiempo con él. ¿Nos ayudas a estudiar Bolo?

—Bolo maulló como si le contestara a Tomy—. ¡Míralo, si es más amable que nuestro padre! —se echaron a reír.

Dana terminó sus tareas en una hora y media, y se sentó a jugar con Bolo mientras su hermano seguía estudiando. Tenía examen de cálculo el martes y estaba repasando. Ambos eran muy buenos en las clases. Ella era muy dedicada en la escuela y las maestras y maestros la adoraban. Tomy era lo que Dana quería llegar a ser. Era un estudiante ejemplar. Su inteligencia y disciplina sorprendían a muchos, y junto a su novia Ana, que también estudiaba ingeniería, obtenían las calificaciones más altas en las clases. Además, tenían una conducta perfecta ante la sociedad. Aunque lo odiaban, iban a la iglesia tres veces a la semana, aun cuando tenían que estudiar. A veces se llevaban los libros para la iglesia y estudiaban en el vehículo o en la oficina de su padre. Todo lo hacían para evitar conflictos. El ministro cambiaba de humor constantemente. A veces los dejaba quedarse a estudiar y no tenían que ir a la iglesia, pero solo si lo convencían de que verdaderamente podían fracasar si no se quedaban.

—Me apena todo lo que tienen que hacer estos pobres niños para tenerme en la casa. Sé que voy a causar tantos problemas, pero valdrá la pena. Los voy a cuidar y me voy a encargar de que sigan siendo buenas personas. Serán mejores cada día, y Tomás terminará aceptándome. Sé que así será —se quedó dormido disfrutando de los mimos de Dana.

Tomy terminó de estudiar y llamó a Ana para contarle sobre Bolo. Ana no podía parar de reír por la ocurrencia del nombre. Recordó que ella tuvo un caballo que se llamaba así. La familia de Ana amaba a los animales. Tenían como cinco perros y dieciséis gatos. Si Ana encontraba un animalito en la calle, no era problemático llevarlo a su casa. Tomy y Dana a veces soñaban cómo sería su vida si hubiesen nacido en un hogar como el de Ana. A veces meditaban y se preguntaban por qué les tocó crecer con un hombre como su padre, y muchas veces deseaban no haber nacido. Se preguntaban constantemente que para qué su padre quiso tener hijos con su madre, si luego iba a actuar como si no los quisiera o como si le molestaran. Su madre, en cambio, los amaba, pero siempre hacía lo que su padre quería. A veces se encontraba entre la espada y la pared, porque no podía complacer a sus hijos y al mismo tiempo complacer a su esposo. Al final, Tomás siempre salía ganando.

—¿Escuchas el ruido del carro? ¡Ahí vienen! ¿Qué hacemos? ¿Nos vamos a la casa o nos quedamos aquí? —Dana corría de un lado para otro, nerviosa.

—Cálmate, que no me dejas pensar. Dame un momento — se quedó pensando—. Vamos a quedarnos aquí. Si lo va a descubrir, mejor que sea con nosotros aquí, protegiéndolo. Si nos vamos a la casa, y a él se le ocurre venir para acá, lo va a encontrar y probablemente sea peor. Vamos a quedarnos —el corazón de Tomy se aceleraba al ritmo del de su hermana.

El plan perfecto era mantener oculto a Bolo hasta que su padre lo descubriera, pero los chicos no habían pensado en las consecuencias de mantener una mentira en la casa. Si Tomás descubría a Bolo y se enteraba de que lo tuvieron oculto, que obraron a sus espaldas, se iban a meter en un tremendo problema, y hasta la pobre Betty iba a sufrir las consecuencias. Betty decía que estaba segura que Tomás tenía bipolaridad no diagnosticada. No lo decía en serio, sino cuando se molestaba con él, pero Dana y Tomy no descartaban la posibilidad de que fuese cierto. En la iglesia era el hombre perfecto y cariñoso, pero cuando llegaba a la casa, se transformaba y comenzaba a pelear y a gritar. El que se llevaba la peor parte era el pobre Tomy. Lo trataba como si fuera el peor de los hijos. Si le pedía algo, no lo hacía en un tono normal, sino que lo hacía a puros gritos. Tomy obedecía con la mirada fija en el suelo, no se quejaba, no se defendía.

A veces pensaban que Tomás se regocijaba atormentando a su familia. No entendían qué habían hecho mal. Odiaban su vida. A Dana la trataba mejor que a Tomy. Al principio Tomy pensaba que la prefería sobre él, y a veces lo llegó a resentir. Dana se sentía mal por eso, y de alguna manera hasta sentía culpa. Entonces, una vez concluyeron que mostraba preferencia por Dana ante Tomy para molestarlo. Así que utilizaban su propio juego en su contra. Cuando querían algo que probablemente se lo iba a negar a Tomy, Dana intervenía. Pocas veces funcionó, pero disfrutaban cuando era efectivo.

—¡Tomy! ¡Dana! No se ve nada. ¿Por qué no dejaron una luz

prendida? Nos vamos a matar aquí —los hermanos hicieron una mueca de disgusto y se miraron a los ojos.

—¿Quién lo entiende? Nos pidió que apagáramos las luces, y ahora pelea porque no ve. Es que me dan ganas de empujarlo a oscuras para que se caiga de verdad —Tomás interrumpió a Dana.

—¡Cállate, que te va a escuchar! Después el pobre Bolo va a pagar las consecuencias. ¡Cállate! Yo voy a encender las luces para que "el rey" pueda pasar —salió del cuarto de estudio y Dana se quedó junto a Bolo con cara de regañada.

—Tomás, yo puedo encender las luces. Se puede ver. No nos vamos a caer. Les dijiste que no dejaran las luces encendidas y eso fue lo que hicieron. ¿Ahora les vas a reclamar por obedecerte? —Betty habló en defensa de sus hijos.

—¿Ahora los vas a defender? ¡En esta casa nadie me respeta! Aquí yo no puedo decir nada porque rápido me atacan. Lo que debería hacer es irme y dejarlos solos a ver qué se van a hacer sin mí —Betty intentó retener las lágrimas que estaban a punto de salir de sus ojos.

—Mierda. Ya empezó a pelear. Ay, Bolo, yo espero que no te encuentre, porque de lo contrario va a tener una excusa más para pelear. Espero que podamos quedarnos contigo. Necesitamos un padre que no nos grite. ¿Quieres ser nuestro papá, querido Bolo? —Dana empezó a llorar al ver que Bolo se acercaba a ella y le acariciaba las manos con su nariz.

Mientras Dana lloraba en el cuarto de estudio, Tomy se las ingeniaba para subir las escaleras casi sin tocar los escalones y encender las luces del garaje y del balcón. Ahora Tomás podía subir sin la necesidad de pelear. Betty dejó una caja de cartón en la mesa de la cocina que contenía dos donas azucaradas y dos pedazos de pan de maíz. Tomas colocó una libra de pan sobre el microondas, y metió en el refrigerador un galón de leche. Se le quedó mirando a Tomy y decidió hablarle para enmendar los gritos y la imprudencia que cometió.

—¿Terminaste de estudiar? —preguntó en un tono más calmado.

—Sí, lo que estaba haciendo era repasando, y haciendo un ensayo para la clase de inglés avanzado —contestó evitando mirarlo a los ojos, y procurando que el tono fuera de su agrado.

—¿Te gusta esa clase de inglés? —Tomy no podía creer que le estuviese preguntando algo de una manera tan calmada.

—Definitivamente está mal de la cabeza —dijo para sí—. Sí, me gusta. Leemos mucho y luego hacemos ensayos. He ampliado mucho mi vocabulario —contestó.

—Eso está muy bien. ¿Y tu hermana, qué hace? —Tomy sintió que se le detuvo el corazón.

—Está recogiendo. Ya va a subir —se quedó en silencio esperando a que le preguntara otra cosa.

—Dile que venga; le compré una dona azucarada. El repostero le dijo a tu madre que las hacen sin leche y sin huevo. Se la puede comer. No apaguen la luz porque voy a ir al cuarto de estudio a escribir una carta —Tomy palideció.

—Está bien. ¿En dónde está Mamá? —preguntó algo desesperado.

—Creo que está cambiándose —contestó, intentando descifrar la mirada preocupada de su hijo.

Tomy corrió por el pasillo para llegar hasta la puerta que lo llevaba a las escaleras del interior de la casa. Estas escaleras conducían al cuarto de sus padres, que se encontraba en el primer piso. Bajando las escaleras de madera, se detuvo a mirar por una de las ventanas hacia el cuarto de estudio. Ahí estaba Dana junto a Bolo y no sabía lo que les esperaba. Llegó a la habitación y se encontró a su madre, que se estaba quitando el poco maquillaje que se le permitía llevar a una mujer de la iglesia y además, esposa del ministro.

—Mamá, tenemos un problema —Betty reaccionó instantáneamente.

—¿Qué pasa, mi amor? —preguntó la preocupada madre.

—No te puedo decir aquí. Acompáñame al cuarto de estudio —le tomó la mano a Betty y abandonaron la recámara en silencio.

—Me tienes preocupada, Tomy. ¿Le pasó algo a Dana? —

Tomy movió su cabeza para decirle que no.

Cuando Bolo escuchó que la puerta del cuarto de estudio se estaba abriendo, saltó del lado de Dana y se escondió bajo la cama. Dana se asombró ante la intuición del felino. Cuando vio que el rostro de la persona que entró era el de Tomy, sintió un incomparable alivio. Al ver a su madre entrar, le sonrió nerviosa.

—¿Qué pasó? ¿Estás bien? ¿Te dio asma? Te veo respirando como asfixiada —observó la garganta de su hija con cara de histérica.

—Mamá, por favor. Estoy bien. No seas histérica. Prepara la histeria para lo que vas a ver ahora, porque esto sí que es un problema —se agachó y llamó a Bolo, que seguía bajo la cama—. Bolo, ven para que conozcas a Mamá.

El delgado felino abandonó el escondite y estiró sus patas traseras y luego las delanteras. Betty abrió sus ojos más de la cuenta, y miró a sus hijos con cara de incredulidad. El minino acariciaba su cuerpo contra las piernas de la inerte y preocupada mujer. Cuando se recuperó, se agachó y tocó la cabeza del simpático animal. Era imposible no caer rendida ante la dulzura del noble Bolo. Luego se incorporó y miró a sus dos hijos. Estos ya sabían que venía una advertencia.

—Ustedes saben que su papá va a pelear cuando vea a este gatito, pero está tan flaquito. No lo podemos dejar así —comentó—. Bueno, vamos a dejarlo tranquilo. Trataremos de no hacer que se enoje para que no tenga una excusa para desquitarse con el pobre gato —escuchó los pasos de Tomás—. Ahí viene. Es mejor que lo sepa ahora y no ocultárselo —Tomás entró al cuarto.

—¿Qué hacen aquí? Dana, te traje donas sin leche y sin huevo —Bolo corrió muy emocionado a saludarlo y como todo gato, acarició su cuerpo contra las piernas de Tomás—. ¿Y ese gato? —frunció el ceño.

—Vino maullando y los bebés le querían pegar. Mira lo flaco que está, el pobrecito. Los chicos me lo estaban enseñando —Betty intentó ocultar los nervios en su voz.

—¿Se va a quedar aquí? —preguntó Tomás.

—Bueno, lo dejamos aquí con nosotros porque los gatitos le querían pegar —Tomás sonrió y se quedó viendo a Dana.

—¿Los bebés le querían pegar? ¿Y él no se defendió? —preguntó a su hija, sorprendido.

—No, es muy bueno. Y estaba bien débil antes de comer —añadió Tomy.

—Tomás, vamos a dejarlo por ahí. No va a molestar —dijo Betty, esperando una contestación negativa por parte de su esposo.

—Bueno, pero ustedes se encargan de él. Ya son seis gatos en la casa. Y recuerden que tienen que buscarle un hogar a la madre de los gatitos y a los dos que no son blancos, cuando crezcan un poco —se le quedó mirando fijamente a Bolo y luego salió del cuarto—. Suban a comer lo que traje, que se va a dañar —Betty les sonrió a Dana y a Tomy y salió también.

—Eso me parece bien extraño. ¿Será posible que de verdad nos deje quedarnos con él? —preguntó Dana a su anonadado hermano.

—No sé. Por ahora tenemos que hacer todo mejor de lo que lo estamos haciendo, para que no vaya a molestarse y se desquite con el pobre gatito. Bolo, ¿escuchaste? No sé qué tienes, pero al parecer te puedes quedar aquí. Puedes dormir en el balcón de la casa para que estés más cerca de nosotros, y maúlles cuando necesites algo —se dirigió a su hermana—. Voy a botar la caja a la basura y por favor, saca los platitos para no dejar un reguero aquí —salieron del cuarto y Bolo los siguió, maullado como si les estuviese contando una historia.

—¿Verdad que maúlla bien raro y bonito? —comentó Dana a su hermano.

—Sí, parece como si nos estuviese contando un cuento. No sé qué tiene, pero ese gatito me robó el corazón —subieron las escaleras exteriores seguidos por Bolo.

Tomás se encontraba en la mesa del comedor comiendo su dona y bebiendo leche de un vaso de vidrio. Observaba a los chicos colocar el plato de agua y el de comida en una esquina del balcón, y a Bolo caminando al lado de ellos. Le causaba curiosidad ver a un gato tan diferente a los otros que habían conocido. Betty permanecía de pie en la cocina comiendo su pan de maíz y acompañándolo con café, observando con esperanza y felicidad a Tomás.

—Quédate aquí y maúlla cuando necesites algo —dijo Tomy mientras le daba palmaditas en la cabeza a Bolo.

—Bolo, me alegra que te quedes con nosotros —agregó Dana.

—¿Por qué le pusieron Bolo? —preguntó Tomás confundido por las risas de sus hijos.

—Ese era el nombre del caballo de Ana, y nos gustó —inventó Dana.

—Bueno, ya saben. Ustedes tienen que alimentarlo y limpiar cualquier reguero que haga —dijo Tomás luego de levantarse y dejar el plato y el vaso vacíos en la mesa—. Me voy a dormir. Espero que no se ponga a maullar, que necesito descansar—. Dana y Tomy guardaron silencio y rogaron que ya se fuera a dormir.

Betty dejó de comer su pedazo de pan de maíz para recoger el plato y el vaso que Tomás había dejado olvidados encima de la mesa. Dana y Tomy la observaban y suspiraban.

—Mamá, olvida eso. Continúa comiendo tu dulce. Yo lavo los platos. No interrumpas tu momento a solas con el pan de maíz —Tomy le quitó el plato y el vaso y se fue a lavarlo.

—Gracias, mi amor —dirigió su mirada hacia Dana y sonrió. Dime la verdad. ¿Por qué se llama Bolo? —Dana y Tomy se echaron a reír.

—Yo no fui. Fue idea de Tomy. Lo juro —decía Dana a carcajadas.

—Mamá, obsérvalo bien por la ventana. Espera a que levante la cola, y vas a saber —Betty hizo lo que su hijo le pidió, y sacó una carcajada.

—Ustedes son unos traviesos. ¿Por qué le mentiste a tu papá, Dana? —preguntó curiosa.

—Pues seguramente nos iba a decir inmorales por tal ocurrencia, y como aceptó que Bolo se quedara, no lo quería arruinar —Betty le acarició la barbilla a su hija.

—Tal vez se está dando cuenta que no puede ser tan duro con ustedes. A lo mejor por fin está cambiando —terminó de comer—. Me voy a dormir. Por favor, no hagan ruido. No hagan nada que moleste a su papá —dijo estresada y preocupada.

—Entendí que dijiste que estaba cambiando —comentó Dana.

—Poco a poco, Danita —besó a sus hijos y se fue a dormir.

Cuando los hermanos escucharon que Betty cerró la puerta del final del pasillo, esperaron hasta no sentir el ruido de los pasos en la escalera. Abrieron la puerta y susurraron el nombre de Bolo. El felino rápidamente corrió hacia ellos, y entró a la casa.

—¿Lo vamos a dejar dentro de la casa? —preguntó Danita entusiasmada.

—No, ni locos. Él va a estar seguro en el balcón —se quedó pensando—. Creo que se nos quedó la mantita en la oficina, y si salimos a buscarla, nuestro padre se va a despertar, y ya sabes. Vamos a ponerle otra para que no le vaya a dar frío —Dana corrió a su cuarto y encontró una blusa que ya no usaba—. Le dejamos esto y mañana buscamos la de la oficina —Tomy la interrumpió.

—Mejor yo la busco. Guarda eso, que seguramente si nuestro padre ve una blusa tirada en el balcón, va a decir que estamos haciendo reguero. Cualquier cosa le decimos que salí a verificar que Spongy tenga suficiente agua —bajó las escaleras en silencio para ir hasta el cuarto de estudio.

Dana se quedó mirando a su hermano cuando bajó las escaleras, y vio que se acercó hasta la casita de Spongy y lo acarició un rato. Spongy era el gato de la familia, un gato que llevó Tomás a la casa para aliviar una pérdida que tuvieron Tomy y Danita. Los hermanos tenían dos gatos y un día desaparecieron. La historia del llanto de Dana llegó hasta los oídos de un cuñado de Betty. Encontraron a un gato de raza mezclada, pero que conservaba las características físicas de un persa. A Tomás le gustó el aspecto del gato y decidió adoptarlo para Dana. Dormía en una casita muy linda que el mismo Tomás le hizo.

Se creía que Spongy era el padre de los pequeños gatitos que atacaron a Bolo. Cuando Bolo apareció, Spongy se encontraba en su casita y por eso los chicos ignoraron que ambos gatos podían pelear. Esperaban que las posibles peleas no fueran una excusa para que Tomás, más adelante, quisiera deshacerse del recién llegado felino.

PRIMERA DESAPARICIÓN

Ya era lunes. Dana tenía que ir a la escuela y Tomy a la universidad. Tomás llevaba a su hija a la escuela. Tomy se iba en su carro y tardaba unos diez minutos en llegar a casa de Ana. Luego se iban juntos a la universidad a tomar casi todos los cursos juntos. Ana estaba ansiosa por conocer a Bolo. Lo haría cuando regresaran de la universidad, porque querían repasar los ejercicios para el examen de cálculo que tenían al día siguiente.

Durante todo el camino Tomy le estuvo hablando a Ana sobre Bolo, y la razón por la cual se llamaba así, y sobre la mentira que dijo Dana de que la razón del nombre era por su caballo. Ana recordó a su caballo con cariño.

Por otro lado, Dana llegó a la escuela unos minutos tarde, lo cual era muy normal. Desde que tenía memoria siempre llagaba tarde a la escuela. Los primeros años era por culpa de Tomás, pero luego compartían la culpa. Siempre daba muchas vueltas y terminaba llegando tarde. Las maestras y maestros toleraban las tardanzas porque era muy buena estudiante. Digamos que la excelencia en sus notas compensaba las tardanzas. Se pasó el día deseando que acabaran las clases para regresar a la casa y pasar tiempo con Bolo, y enterarse de cómo fue su encuentro con Spongy. Ese encuentro lo estaba manejando Betty.

—Spongy, te voy a sacar de la casita, pero tienes que saber que ahora vas a tener un amiguito. No pueden pelear. ¿Está bien? —abrió la puerta de la casa/jaula de Spongy y el enorme gato peludo salió.

Bolo se encontraba en el balcón observando a Spongy, que caminaba orgulloso con su enorme cola elevada. Los gatitos pequeños se acercaban sin atacarlo, ni él a ellos.

—No lo puede negar: es el padre de esos pequeños. Esa pequeña blanca, peluda de ojos azules tiene su mismo cuerpo y forma, aunque el color sea distinto. De hecho, los colores del padre y los míos se parecen. Claro, yo no me veo tan elegante como él. Tal vez en unos cuantos meses, cuando recupere mi peso podremos vernos casi igual de elegantes —pensó al mismo tiempo que Spongy se percató de su presencia—. Creo que ya me vio. Espero que no me busque pelea cuando vaya al patio para ir al baño.

Dana les dejó comida a los felinos antes de irse. Ya no tenían que ser atendidos hasta que ella regresara de la escuela o Tomy de la universidad. Estaba emocionada porque Ana los iba a visitar y así los tres pasarían tiempo con el minino. Además, la presencia de Ana en la casa minimizaría cualquier intención de pelea por parte de Tomás.

Betty vigilaba a Spongy y a Bolo, que se acababan de encontrar. Bolo trató de aguantar lo más que pudo los deseos de ir al baño, pero ya no pudo más, y bajó las escaleras. Betty escuchó un maullido fuerte por parte de Spongy y decidió salir al patio a ver lo que estaba sucediendo. Ella también estaba consciente de que cualquier pelea entre los gatos podría significar una excusa para que Tomás quisiera deshacerse de Bolo. Su estadía no estaba segura en esa casa.

—Hola, me llamo Bolo. Bueno, antes me llamaba Leonardo. Luego me llamé Rocky, por unos minutos. He tenido varias casas, pero por fin he llegado a la que pertenezco —dijo al peludo gato.

—A mí me llaman Spongy. Tengo cuatro años y vivo en esta casa desde que tenía un mes de nacido. ¿Cuántos años tienes? —preguntó algo desconfiado.

—Yo tengo cinco años. He vivido en las calles, y también en casas. Bueno, más bien en una casa. ¿Esos son tus hijos? —preguntó mirando a los pequeños que se encontraban junto a su madre.

—Sí, son mis pequeños. No me han castrado todavía, pero sé que pronto lo harán. Ya escuché a Tomás decirle a Dana y a Tomy que me tienen que llevar al veterinario para eso —recuesta su gordo cuerpo de la hierba fría.

—¿Te da miedo que te castren? —preguntó nervioso.

—No. Dana me explicó que me duermen y no siento nada. Dicen que me voy a poner más gordo. Voy a tener que ponerme a dieta —se miró su barriga—. ¿Cómo es eso que dices que esta es tu casa? —preguntó el perezoso gato.

—Bueno, es difícil de explicar y entender. Por ahora te diré que siempre supe que tendría una casa así. Tuve otro hogar, pero me escapé porque sabía que tenía que llegar aquí —Spongy lo miraba confundido y al mismo tiempo algo desinteresado.

—Bueno, debes saber que tienes que portarte bien. A Tomás le gustan los gatos de pelo largo como yo. La pequeña peluda de ojos azules y el pequeño peludo de ojos verdes se quedarán en la casa. Los de pelo corto se irán, y mi hermosa compañera de pelo corto también se irá. Les van a buscar un hogar. Espero que sean buenos hogares —suspiró.

—¿No te molesta que suceda eso? —preguntó Bolo—. No los vas a volver a ver —Spongy observó a su familia.

—No tengo otra opción. En esta casa es un milagro que yo esté aquí. Lo que dicen Dana y Tomy es que a su padre no le gustan los animales. Sin embargo, le encantan los gatos de pelo largo. Piensa que somos de raza, aunque verdaderamente no lo somos. Tú y yo somos iguales. Somos gatos —se comenzó a lamer la pata delantera izquierda.

—Voy a subir al balcón. No quiero causar problemas. Necesito asegurar mi estadía en esta casa —subió las escaleras.

—Recuerda: con Tomás nunca se sabe —continuó lamiendo su pata.

Betty vio a los gatos juntos y se sorprendió de no verlos peleando. Spongy no solía pelear, pero no conocía a Bolo. Lo que sí sabía es que era un gato muy extraño. Su mirada lograba que reflexionara en las maravillas de la vida. Mirarlo a los ojos significaba un misterioso regocijo en el alma.

—Eres tan bueno, mi amor. Yo espero que te quedes. Temo tanto que Tomás cambie de opinión. Hay que engordarte y cuidarte mucho, para que le gustes —vio el plato de comida vacío y le sirvió más—. Cuando Dana y Tomy lleguen, te van a llevar al cuarto de estudio para que no estés solito en el balcón —Bolo maulló.

Dana y Tomy sentían que el día era el más largo de sus vidas. Querían estar en la casa para pasar tiempo con Bolo, porque lo extrañaban y además no confiaban en Tomás. Advertían que para dejar bien claro que él era el jefe del hogar, podía deshacerse del felino en cualquier momento.

Tomy almorzó sin ganas y Dana no almorzó. Dana era una joven extremadamente delgada, que limitaba su alimento para no engordar. Sus padres, que siempre velaban por el bienestar de los feligreses, ignoraban que tenían a una hija con anorexia y bulimia. Betty pensaba que ella comía poco, pero no sabía que lo poco que comía, lo vomitaba. Con tantas atenciones para los feligreses era imposible darse cuenta. Llamaban durante casi todo el día para asuntos de la iglesia o para resolver problemas de alma. El teléfono de esa casa sonaba tantas veces, que Betty había manejado la manera de trabajar en varias tareas sin desatender una llamada. Precisamente estaba sonando. Betty lo tenía cerca para evitar dejar los alimentos sin atender.

—Ángela, ¿cómo estás? —la ocupada mujer sostenía el teléfono inalámbrico con su mano derecha, y manejaba la olla del arroz con la izquierda.

—Estoy bien. ¿Qué estás haciendo? —preguntó sin pensarlo.

—Estoy cocinando, limpiando, y vigilando el gatito nuevo de Dana y Tomy —intentó sostener el teléfono entre la oreja y el hombro para poder utilizar ambas manos.

—¿Gato nuevo? ¿Y qué dice Tomás sobre eso? —le hizo señas a su marido, Sergio, para que escuchara la conversación.

—Milagrosamente les dijo que lo podían tener si ellos se encargaban de cuidarlo —casi se le cayó el teléfono en la cacerola.

—¡Mira eso! ¡Tomás se nos está ablandando! Te quería preguntar si está en la casa. Sergio quiere pasar a hablar con él —Sergio seguía con la oreja pegada al teléfono para escuchar la voz de Betty.

—Pronto vendrá a almorzar. De hecho, lo estoy viendo. Si quieres te lo comunico —quería soltar el teléfono para poder servir el almuerzo de Tomás.

—Sí, le dices que Sergio quiere hablar con él —Sergio agarró el teléfono.

Tomás llegó de su trabajo en la finca de la familia. Se quitó las botas de plástico en el balcón y se sentó en el comedor para esperar a que Betty le sirviera el almuerzo.

—Tomás, te sirvo enseguida. Sergio quiere hablar contigo —Tomás extendió la mano para que Betty le llevara el teléfono al comedor.

Betty estaba acostumbrada a que Tomás siempre extendiera la mano para que le llevara o se llevara algo. Si comía en la sala, extendía la mano con el vaso encima del plato vacío, y Betty no tardaba nada en estar a su lado complaciéndolo. A veces extendía la mano para pedirle algo, y ella tenía que adivinar lo que quería. Casi siempre acertaba. Dana y Tomy se molestaban y le decían a su madre que no entendían por qué su padre no podía caminar, al menos, hasta el fregadero para llevar los platos. Su madre siempre les contestaba que él trabajaba mucho y siempre estaba cansado. Los chicos le decían que ella estaba igual o hasta más cansada que él. El silencio de Betty significaba que tenían que finalizar la conversación.

—Sirve un plato más de comida, que Sergio viene, y lo invité a almorzar —Betty obedeció sin muchas ganas.

Tomás solía invitar a las personas a almorzar o cenar de improvisto, sin avisarle a Betty. Esa situación era el detonante para que Betty se quejara con sus hijos de la desconsideración de Tomás, pero jamás se lo decía a él.

—Llega como en diez minutos. Lo voy a esperar. Guárdame la comida y me la calientas cuando él llegue —Betty recogió el plato y lo colocó dentro del horno microondas.

En el balcón se encontraba Bolo, en silencio, observando el trato de Tomás hacia Betty. La veía cansada y agobiada por intentar complacer a todos los seres que la rodeaban. Se fue a dormir a una esquina para no parecer que estaba presente, y evitar que Tomás lo notara. Despertó con la llegada de Sergio, que pasaba al comedor para almorzar junto al ministro. Betty calentó la comida de su esposo y añadió un plato para Sergio.

—Betty, esta comida está fría. Caliéntala un poco más —

extendió el brazo con el plato en la mano para que su esposa lo recogiera.

Betty quería salir de la cocina. Estaba cansada de órdenes. Calentó la comida de Tomás por más tiempo de lo usual para estar segura de que ya no le iba a pedir más favores. Colocó una jarra grande llena de agua con hielo para evitar que la ocuparan pidiendo agua fría.

—Sergio, ¿tu comida está bien? —el hombre esperó a masticar y tragar un bocado.

—Está perfecta, Betty. Gracias. ¿Tú no vas a comer con nosotros? —preguntó intentando ser amable.

—No, se me fue el apetito. Pasar tanto tiempo en la cocina me quita el hambre —se fue al balcón a verificar a Bolo.

Sergio era de los feligreses de Tomás. También el ministro lo empleaba para que limpiara el patio. Junto a su esposa se caracterizaban por ser chismosos. Betty intentaba no hablar mucho con ellos porque no les tenía confianza. Tomás tenía una buena relación con ellos. Al fin y al cabo, como era el ministro de la iglesia, siempre buscaban agradarlo. Lo que Betty no imaginaba era que Sergio decidió visitarlos para ver al gato que habían adoptado Dana y Tomy. Sus intenciones no eran buenas.

—Ángela me dijo que Betty le dijo que adoptaste un gato. ¿Es ese que está con Betty en el balcón? —preguntó señalando y riendo.

—Ese mismo. Se encapricharon en recoger a ese gato flaco. Tú sabes que, si los dejan, tienen aquí a un zoológico —mordió el muslo de pollo y tomó un sorbo de agua.

—Si les sigues dejando que recojan todo lo que llega, vas a tener el zoológico —Betty comenzó a molestarse por el tono de Sergio.

—Ellos saben que tienen que encargarse de él porque de lo contrario, se va —comenzó a subir el tono de voz.

—Te estás ablandando. Ya mismo traen un perro —sonrió.

—Yo no quiero perros en esta casa. Los gatos que están por ahí, los tienen que dar en adopción. Se quedarán los dos blancos peludos y el que yo traje —comenzó a mirar con desprecio a Bolo—. Yo creo que ese gato va a terminar cuidándolo Betty.

—Tomás, tus hijos no son irresponsables. Ellos cuidan de los otros animales —protestó Betty en defensa de Dana y Tomy.

—Bueno, cuando Dana está en la escuela y Tomy en la universidad, ¿quién cuida de ellos? —preguntó subiendo el tono de voz.

—Tomás, se cuidan solos. Además, ellos los alimentan antes de irse y antes de acostarse. Como sea, a mí no me molestaría hacerlo —añadió.

—Ese gato se ve hasta enfermo. Te puede enfermar al bonito, a Spongy —dijo Sergio en un tono más bajo para que Betty no lo escuchara—. Yo puedo llevarlo al estacionamiento del supermercado del pueblo. Allí les ofrecen comida a los animales de la calle —susurró.

Tomás atendió la sugerencia de Sergio y cuando terminaron de comer, se levantaron de la mesa para ir al balcón hasta donde estaba Bolo, que no se había despegado de las piernas de Betty. Tomás lo miró con desprecio y luego miró a Betty, tratando de comunicarle con la mirada lo que ella se temía.

—Se lo voy a dar a Sergio para que lo deje en el estacionamiento del supermercado del pueblo. Allí no se va a morir de hambre. Le van a dar comida —Betty sintió que se le hacía pedazos el alma.

—Tomás, ¿cómo vas a hacerle eso a Tomy y a Dana? Van a llegar y no lo van a encontrar. Se van a angustiar tanto —intentó contener las lágrimas y le lanzó una mirada al invitado de su esposo, como para matarlo—. Sergio, deja de meterle ideas en la cabeza a Tomás. Ya habíamos decidido que el gato se iba a quedar aquí —Sergio se ofendió por el reclamo de Betty.

—Lo que dice Sergio es verdad. Puede enfermar a Spongy. Ese gato se ve mal. Mejor que se lo lleve y que Dana y Tomy piensen que se fue —Betty lo miró indignada.

—¿Le vas a mentir a tus hijos, Tomás? —preguntó abriendo sus ojos más de la cuenta.

—No les voy a decir nada, y tú tampoco. Si te preguntan por el gato, no les contestes o les dices que no sabes. Aquí se hace lo que yo diga y el gato se va. Esos dos no van a hacer lo que quieran. No van a seguir metiendo animales en la casa. ¿Ahora vas a preferir al gato sobre mí? —Betty acarició la cabeza de Bolo y se fue.

—Yo me voy al cuarto. No quiero ser parte de esto —se retiró sin mirar a ninguno de los dos hombres.

Esa tarde, antes de que Tomy y Dana regresaran a la casa, Tomás y Sergio sujetaron al dócil minino y lo encerraron en un bolso de tela, de los que Tomás usaba para guardar verduras. Celebraron el éxito de lograr que Bolo se quedara en el bolso sin protestar, pero no sabían que el felino sabía lo que le iba a suceder y entró voluntariamente. Sergio manejó por diez minutos hasta el supermercado del pueblo. Se detuvo en el estacionamiento y cuando notó que nadie lo estaba mirando, abrió el bolso y Bolo salió casi asfixiado. Sergio abandonó el lugar rápidamente para no ser visto.

—No puedo creer que Tomás le haya hecho algo así a sus hijos. Ese Sergio no es de fiar. Mi familia tiene que tener cuidado con él —pensó Bolo mientras recuperaba el aire—. Bueno Tomás, mis queridos Tomy y Dana no me van a encontrar hoy cuando regresen de la universidad y de la escuela, pero mañana me van a ver. Yo conozco este pueblo mejor que tú y que Sergio. Mañana estaré de vuelta en mi casa —localizó un lugar solitario para descansar porque le esperaba caminar y correr toda la noche.

EL PRIMER REGRESO

Tomy y Dana no cesaban de interrogar a su madre, pensando que tal vez, si recordaba algo más sobre Bolo, podrían descifrar su paradero. Nunca sospecharon sobre Tomás, pues él les había dicho que lo podían tener. Sin embargo, no entendían cómo un gato que se veía tan feliz junto a ellos podía desaparecer así. Sentados en el comedor, compartiendo unas palomitas de maíz, no paraban de hablar de Bolo.

—¿Se lo habrán robado? —Dana intentaba encontrar una explicación.

—No descarto esa posibilidad porque es un gatito bien dócil —Tomy temía mucho que fuese así.

—Ana estaba tan ilusionada por conocerlo, y no pudo. ¿Y si le hicimos falta y salió a buscarnos? —preguntó Dana a su hermano de un sobresalto.

—Danita, no me digas eso. ¿Te imaginas que se haya perdido y todavía nos ande buscando? —a Tomy se le quebró la voz y no pudo continuar hablando.

Betty escuchaba a sus hijos desde la cocina, y no podía hacer otra cosa que no fuese guardar silencio. Se sentía culpable porque de una manera u otra, fue cómplice de Tomás y de Sergio. Pudo haber evitado que cometieran el crimen y la crueldad de echar al pobre felino de la casa, y de la peor forma, y no lo hizo. Se quedó en silencio, como siempre. Ahora tenía que pagar su complicidad con el sufrimiento de ver y escuchar a sus pobres hijos preocupados por no saber qué había sucedido con Bolo.

Tomás los escuchaba desde la sala, y su rostro era imposible de descifrar. Su mirada carecía de significado y expresión. Solo los observaba. No se sabía si se regocijaba ante el dolor de los chicos o si se sentía culpable por lo que había hecho. Probablemente celebraba su éxito en silencio o tal vez se preguntaba si hizo lo correcto. No se sabe, pero si celebraba su éxito, fue la celebración más corta de su vida.

—¿Y ese maullido? —preguntó Dana sorprendida.

—¡Es él! —Tomy se levantó de la silla del comedor y salió al balcón.

Allí estaba Bolo, frente a la puerta de la cocina, maullando. Llamaba a Tomy y a Dana. Los llamaba por su nombre, pero ellos escuchaban un hermoso maullido. Era un maullido fuerte, curioso, diferente. Dana se levantó tan rápido, que se pegó en la rodilla con la mesa, pero no le importó. La felicidad de ver a su hermoso Bolo maullando frente a la puerta no le permitió sentir dolor ante el golpe que iba a dejarle un tremendo moretón al día siguiente. Tomy lo tomó en sus brazos y lo besó. Se lo entregó a Dana para que ella también lo besara. Bolo había regresado y eso significaba que deseaba quedarse allí. Betty no podía creer lo que estaba presenciando. Se sentía feliz por sus hijos, pero le preocupaba Tomás, que se encontraba paralizado y sin palabras en la sala. Le costaba aceptar que el gato que había echado hacía un día atrás se encontraba nuevamente en la casa. Quería llamar a Sergio y contarle, pero corría el riesgo de que sus hijos lo escucharan. Betty le comunicó con la mirada que se había equivocado. Él logró captar el mensaje y no le gustó. A Tomás no le gustaba que le dijeran que se había equivocado. El hombre ejemplar, la cabeza de la familia y el ministro de la iglesia protestante más reconocida en el pueblo, se había equivocado. Él no lo aceptaba. Tenía la felicidad de sus hijos atravesada en la garganta, y no lo dejaba respirar. Sentía una presión en su estómago que solo sería capaz de aliviar cuando Bolo volviera a desaparecer.

—Esta vez te tengo que llevar a un sitio más lejano —pensó—. Tengo que esperar un tiempo —su pensamiento se vio interrumpido por la voz de Dana.

—¡Vamos a darte mucha comida! Debes tener tanta hambre —Tomy sacó el bolso de alimento cuando escuchó a Dana.

—Come, Bolo. No te vuelvas a ir. Nos hiciste pasar tremendo susto —observó que Spongy entró al balcón.

Bolo se echó a un lado cuando vio a Spongy, y luego maulló.

Dana y Tomy se conmovieron porque pareció como si le hubiese ofrecido de su comida. En efecto, Bolo le ofreció de su comida a Spongy. Cuando el regordete gato aceptó la oferta de Bolo, Tomy vertió una porción en el suelo para que el generoso felino comiera junto a su nuevo amigo.

—Mamá, míralo como comparte la comida con Spongy — Betty sonrió al escuchar a su hija.

—Eres tan bueno, Bolo. ¡Qué suerte tuvimos de que regresaras! —le acarició la cabeza luego hizo lo mismo con Spongy para que no sintiera celos.

Betty no le comentó nada del regreso de Bolo a Tomás, ni él tampoco a ella. Parecía ser una conversación prohibida, pero se comunicaban todo con la mirada. Tomás entendía que Betty, con la serenidad de su rostro, le echaba en cara su equivocación, y ella discernía que Tomás, con la amargura de su rostro, no se iba a rendir hasta deshacerse del pobre felino.

SEGUNDA DESAPARICIÓN Y SEGUNDO REGRESO

Dana y Tomy ya habían disfrutado de Bolo por una semana. Ana por fin lo había podido conocer. El felino se portó muy bien con ella, y se ganó que lo llamara "el gato más bueno del mundo".

—Ya lo veo más gordito —Tomy le tocó la barriga a Bolo para comprobar que era cierto.

—Sí, pero tiene que comer más. Todavía no alcanza su peso saludable —Dana le sirvió más comida.

—Lo vas a indigestar. Mejor que coma como es debido —Tomy notó que comía con entusiasmo.

—¿Le vas a quitar la comida después de verlo tan feliz? —la joven le retuvo la mirada a su hermano.

—Claro que no, pero puede vomitar. Come demasiado. Hay que controlarlo —Bolo maulló con la boca llena de granitos de comida seca.

—¿Ves? ¡Te está diciendo que le gusta que yo lo sobrealimente! —Dana se echó a reír junto a Tomy.

Betty estaba muy angustiada ante lo feliz que veía a sus hijos, porque, aunque no quisiera aceptarlo, sabía que a Tomás le molestaba verlos felices. Se paseaba en silencio por la casa para ver a sus hijos interactuar con Bolo, los estudiaba como hace un depredador con su presa antes de atacarla. Los hermanos no imaginaban que dejarían de ver nuevamente a su querido minino.

—Bolo, acompáñanos al cuarto de estudio. Vamos a invitar a Spongy también —Dana tomó a Spongy en sus brazos y Bolo los siguió.

—Casi no puedes cargar a Spongy, y si sigues dándole tanta comida a Bolo, se va a poner igual o más gordo que él —Tomy cargó a Bolo y le hizo cosquillas en la barriga.

Estudiaron junto a los dos mininos hasta que cayó la noche.

Se acostaron temprano porque estaban muy cansados. Encerraron a Spongy en su casita, y Bolo se fue al balcón a dormir. Los pequeñines y su mamá se escondían, y nadie sabía realmente en dónde dormían. Tomás estaba ansioso por la llegada del amanecer, para que sus hijos se fueran y pudiera llevar a cabo su próximo plan. Estaba tan desesperado por echar a Bolo de la casa, que lo primero que hizo cuando ya sus hijos se habían ido, fue llamar a otro de sus amigos para pedirle que lo ayudara con el crimen.

—Pedro, hay un gato que quiero llevar a la hacienda de mi tío. ¿Tienes algo que hacer? Necesito que me acompañes para que vigiles que no se salga del bolso de tela —hablaba por teléfono alejado de la casa para que Betty no lo escuchara.

—Seguro, salgo para allá ahora mismo —colgó y se subió al vehículo para complacer a su ministro.

Betty vio a Tomás subir las escaleras hacia el balcón con un bolso de tela, y al mismo tiempo vio el vehículo de Pedro llegar. La mujer imaginaba lo que iba a ocurrir. Esta vez intentó persuadirlo con más firmeza para que no lo hiciera.

—Tomás, ¿cuál es tu problema con el pobre gato? ¿Por qué quieres echarlo, si Dana y Tomy lo aman tanto? —levantó la voz como casi nunca lo hacía.

—Ya ellos tienen demasiados animales. ¿Para qué quieren otro? —habló sin mirar a Betty.

—Tienen a Spongy y a dos de los gatitos pequeños. Tú les dijiste que solamente se pueden quedar con los dos blancos de pelo largo. No quieres a los otros porque no parecen de raza. No digas que ya tienen muchos animales, porque no es cierto. Estás exagerando —Pedro se incomodó al escuchar a Betty tan molesta.

—¿Te vas a poner de parte del gato? ¿Yo valgo menos que un animal? —habló en un tono de indignación para ganar la simpatía de Pedro—. El gato se va —abrió el saco, y Bolo entró sin protestar.

Pedro le hizo un nudo al bolso de tela para evitar que Bolo se escapara. El viaje desde la casa hasta la hacienda del tío político de Tomás era de unos quince a veinte minutos. No tardaban tanto tiempo en llegar utilizando un vehículo porque estaba localizada en uno de los pueblos vecinos. Alrededor de la hacienda se encontraban las casas de los empleados. Tomás pensó que en esa casa el gato iba a conocer a su próximo dueño, y de esa manera no intentaría regresar a la suya.

—Bueno, quédate aquí y no regreses. Aquí de seguro te dan comida, y si no, hay ratones de sobra —abrió el bolso y dejó salir al humilde gatito.

Bolo salió del bolso más asfixiado que la primera vez, pues el viaje fue más largo. No se quedó junto a los humanos que lo abandonaron. Esta vez corrió hacia los arbustos y los criminales lo perdieron de vista. Asumieron que estaba asustado y se alejaría para no volver. Se subieron al vehículo y regresaron a la casa de Tomás, donde los esperaba un almuerzo delicioso y una Betty muy molesta.

—Ojalá y regrese de nuevo para ver la cara que va a poner —pensaba una y otra vez.

Cuando Dana y Tomy regresaron, no encontraron a Bolo esperándolos en el balcón, como había hecho durante la semana que estuvo con ellos desde que llegó de la primera desaparición. Tomás lanzó una pequeña sonrisa, casi oculta, al escuchar y ver a sus hijos llamar a Bolo con desesperación. Sentía que había ganado y recuperado la autoridad y el mando que le correspondía por ser el jefe de la familia. Betty, por otro lado, sabía que Bolo iba a regresar, y que esa felicidad que cargaba en su rostro no le iba a durar mucho tiempo.

***

Pasaron casi dos días y Bolo regresó. Dana y Tomy estaban en el cuarto de estudio con Spongy, pero muy tristes porque extrañaban a su amigo. La melancolía se esfumó cuando escucharon el maullido peculiar del felino. Tomás y Betty no se encontraban en la casa, pero estaban a punto de llegar de la iglesia.

—Mamá se va a poner tan feliz cuando llegue de la iglesia y lo vea aquí —Dana levantó al felino y le besó la frente.

—A nuestro padre, por supuesto, ni le va a importar. Yo pienso que se alegra cada vez que Bolo se va —fijó la mirada en el felino y olvidó lo que dijo.

Dana y Tomy se mantuvieron junto a Bolo y Spongy, y no estudiaron nada. Estaban celebrando la llegada de su gran amigo, y al parecer, Spongy se sentía igual de feliz. La joven buscó una cámara para tomarle fotos a Bolo, por si se volvía a perder, poder preguntar por él en las calles. No comprendían por qué se alejaba tanto de la casa. ¿Qué tanto tenía que hacer? Eran muchas las preguntas que se hacían los chicos.

—Yo creo que deberíamos llevarlo a castrar, y a Spongy también. Así no se vuelve a ir —comentó Tomy mientras acariciaba a Bolo.

—¿Cuándo podemos hacerlo? —preguntó Dana mientras sostenía en sus brazos al gordo de Spongy.

—Tal vez la semana que viene. Tengo un examen de química general el martes, y el miércoles voy a salir temprano. Regresaré con Ana, los recogeremos y los llevaremos al veterinario —se quedó mirando a Dana—. No nos vas a poder acompañar porque sales de la escuela a las tres de la tarde —Dana lo miró con decepción.

—Está bien. Yo los esperaré aquí —se sobresaltó al escuchar el automóvil de su padre.

Los chicos, ansiosos por darle la buena noticia a Betty de que Bolo había regresado, salieron con el felino en brazos. El minino no quería que Tomás lo viera, y comenzó a forcejear para zafarse. A Tomy le pareció muy extraña la actitud de Bolo, pues era un gato demasiado dócil. Corrió desesperado y se metió en el cuarto de estudio. Spongy estaba saliendo lentamente del cuarto, y cuando vio que Bolo entró, se acostó en la entrada.

—Me va a volver a echar. No me quiere en la casa, y todo por demostrar que tiene poder ante sus hijos. Si me lleva muy lejos, será más difícil regresar. Ya me tomó mucho tiempo llegar aquí la primera vez. Necesito quedarme con esta familia: mi familia —Spongy lo observó sin levantar la cabeza del suelo.

—No dejes que te atrape. Estás entrando de manera voluntaria al bolso de tela, que por cierto, me parece un crimen. Si Tomás me hiciera algo así, no sé qué haría —Bolo lo observó con detenimiento.

—A ti nunca te haría algo así. Eres el gato que él trajo, y además, eres bonito. Yo estoy delgado, y cada vez que me echa de la casa, me lastimo en el camino —Spongy se levantó y se acercó a su amigo para lamerle la cabeza.

Bolo intentaba tomar las rutas libres de vehículos. Estaba seguro de no ser atropellado, pero no de ser atacado por otro animal o de cortarse con alguna planta. Sus ojos tenían manchitas debido a la cantidad de veces que se hincó con hierbas mientras corría por los montes para llegar a su casa. Temía que, si Tomás lo volvía a echar, se le haría más complicado regresar, y no volvería a ver a Tomy y a Danita.

—¿El gatito que salió corriendo era Bolo? —preguntó Betty emocionada y riendo.

—¡Sí! Regresó y nos fue a ver al cuarto de estudio. Spongy estaba feliz de verlo también. Me pareció raro que saliera corriendo cuando los vio —Tomás intentó ignorar el comentario de su hijo.

—Es cierto. Bolo es bien tranquilo. No sabemos qué le sucedió —Dana notó que su padre estaba nervioso.

—Tal vez se asustó con el ruido del automóvil. O tal vez vio algo que ustedes no vieron. Los animalitos son sabios, y Bolo es especial. Sí, de seguro vio algo que no le gustó —miró de reojo a Tomás—. Vayan con él y no lo dejen solo. Les dejaré saber cuándo la comida estará lista.

Mientras los hermanos se encontraban con Bolo en el cuarto, Betty cocinaba. Tomás preparaba el discurso para el próximo día en la iglesia. Se podía oler el disgusto de haber visto al gatito de vuelta, pero al mismo tiempo tenía un poco de miedo. Ya Bolo había demostrado un comportamiento que lo podía convertir en un sospechoso si se volvía a repetir. Tenía que esperar al menos una semana para llevarlo a un lugar muy lejano. Le parecía increíble que regresara. Una explicación podía ser que se memorizara el camino, pero estando encerrado en un bolso de tela, era imposible.

—Ese gato ya me está desafiando —Betty se mantuvo concentrada cortando pedazos de calabaza como una excusa para ignorarlo—. No me ignores. Lo voy a llevar bien lejos. Que no celebren mucho porque el gato se va a ir —Betty dejó de cortar calabaza y miró a Tomás.

—Te vas a arrepentir, Tomás. Lo peor es que me cuentas y me arrastras contigo. A ver, ¿qué discurso estás preparando para mañana? Me imagino que hablarás sobre la mentira o sobre el amor hacia los hijos. No, no creo —terminó de cortar la calabaza y se la añadió a las habichuelas.

—Me he sacado la lotería con esta familia que prefiere más a un gato que a mí —recogió su cuaderno de sermones y discursos, tomó el teléfono y se fue a la habitación.

Tomás recordó un lugar que su difunto padre frecuentaba mucho. Le llamaban *Machabuca*. Se encontraba en el pueblo vecino. Sin embargo, era apartado y lejos para un gato. Necesitaba otro cómplice, pero ya no le quedaban personas disponibles, y le daba vergüenza que Sergio o Pedro pensaran que era un padre cruel por querer hacer sufrir a sus hijos solo para dejar claro su poder en el hogar. Se le ocurrió llamar a su sobrino. Era un niño de catorce años que por unos cuantos dólares lo ayudaría a llevar al pobre Bolo a ese lugar. En efecto, llamó al joven y este aceptó. Le pidió que no dijera nada, y también aceptó. Necesitaba mantener a sus hijos lejos mientras cometía el crimen. Como parte de su plan maestro, los visitó al cuarto de estudio.

—Tomy, ¿puedes recoger a tu hermana pasado mañana cuando salgas de la universidad? Tengo un compromiso y no me va a dar el tiempo —Bolo lo miró a los ojos, pues sospechaba que algo estaba tramando.

—Sí. No creo que llegue a las mismas tres de la tarde, pero puedo —miró a Dana.

—Yo espero. La escuela se queda abierta hasta tarde —la joven notó que su padre miró a Bolo de una manera extraña.

—Bueno, que no se te olvide recogerla —acarició a Spongy y se marchó.

Dana se levantó del suelo y corrió hasta la puerta del cuarto. Esperó a que Tomás se alejara para hablar. La puerta de la habitación de Betty y Tomás se cerró y ya se sentía segura para decirle a su hermano lo que notó.

—No me gusta como lo mira —observó fijamente a Bolo.

—A mí tampoco. Yo creo que Bolo le tiene miedo y por eso no quiso que lo acercara a ellos —Dana abrió sus ojos más de la cuenta.

—¡Es cierto! ¿Crees que lo haya maltratado en nuestra ausencia? —Tomy hizo un gesto de negación con la cabeza—. Bueno, Mamá no lo dejaría, o nos lo diría —Tomy lanzó una risa llena de sarcasmo.

—Mamá no diría nada. Danita, ella vive sometida a lo que diga nuestro padre. Si él le hiciera algo a Bolo, estoy seguro de que ella jamás nos lo diría —Dana hizo un gesto brusco con sus manos para pedirle que bajara la voz.

—Tienes razón. Soy una ilusa. Vamos a tener que vigilarlo más y no dejarlo mucho tiempo solo. No confío en nuestro padre.

—Yo tampoco —agregó Tomy.

Esa noche los hermanos cenaron en el cuarto de estudio junto a Bolo. Tenían miedo de dejarlo solo, así que con la excusa de que tenían que estudiar, se quedaron a dormir allí con el felino. Spongy disfrutó del privilegio y durmió al lado de Dana. Bolo durmió junto a Tomy.

TERCERA DESAPARICIÓN

—Dana, ¿te olvidaron hoy? —preguntó Edna, una de las profesoras de la joven.

—No. Es que mi papá no puede venir por mí, y estoy esperando a mi hermano —contestó con rostro aburrido.

—Bueno, yo voy a estar por aquí un rato más. Si necesitas algo, estaré en la oficina de la directora —sonrió—. Y cuando tu hermano Tomás esté aquí, me avisas para salir a saludarlo.

Las profesoras y profesores de la escuela le tenían mucho cariño a Tomy y a Dana. Eran muy buenos estudiantes. Tomy dejó un buen recuerdo en esa escuela y siempre le preguntaban a su hermana por él. Eran buenos jóvenes que no merecían ser separados de su querido Bolo.

—Bueno, supongo que repasaré de alguna clase mientras Tomy llega —retiró la libreta de biología de su mochila y comenzó a leer, hasta que fue interrumpida por un vehículo que se detuvo frente a la escuela.

—¡Dana! ¿Qué haces ahí esperando? —preguntó Nora, una de las compañeras de Dana.

—Estoy esperando a mi hermano porque mi padre no pudo venir por mí. Tenía un compromiso —Nora la miró extrañada.

—Yo vi a tu papá a las dos de la tarde con tu primo —Dana se confundió.

—¿Mi primo? ¿Cuál de los dos? —Gladys, la madre de Nora no entendía nada.

—Con Carlos. Lo recogió frente al supermercado. Yo pensé que venía también por ti —la madre de Nora hizo un gesto para avisar que ya se tenían que ir.

—Supongo que el compromiso era con mi primo y mi tío —notó que Gladys le urgía retirarse—. Bueno, espero que lleguen bien. Hasta mañana, Nora. Hasta luego, Gladys —se quedó pensando.

—Hasta luego —el automóvil se alejó lentamente ante los

ojos de la pensativa Dana.

Dana estaba ansiosa por la llegada de su hermano. Le quería contar lo que le dijo Nora. Le parecía tan extraño que su padre recogiera a su primo y no a ella. ¿Qué compromiso podría tener su padre con su primo? Ella pensaba que se trataba de un asunto de la iglesia, pero no que Carlos tuviese algo que ver. Mientras le daba vueltas al tema, olvidó que iba a repasar el material de su clase de biología. Su hermano llegó, saludó a la profesora Edna, y ella no adelantó ningún material. Se le hacía tan fácil perder el tiempo. Su hermano siempre fue más enfocado en sus hábitos de estudio que ella. Ya de camino a la casa, decidió contarle lo que sucedió.

—Tomy, me encontré a Nora mientras te esperaba, y me dijo que vio a nuestro padre a las dos de la tarde con Carlos. Lo recogió frente al supermercado y se marcharon —dijo esperando una explicación de su hermano.

—¿De verdad? No entiendo. Dijo que no te podía recoger porque tenía un compromiso. ¿Qué hacía con Carlos? —se quedó pensando un rato—. Bueno, a lo mejor Carlos lo va a acompañar a lo que sea que tenga que hacer. Seguramente tiene que entregar o recoger algún producto para la finca —Dana se tranquilizó.

—Es cierto, a veces le paga para que lo ayude. No había pensado en eso —sonrió más tranquila.

—¿Por qué? ¿Qué pensabas? —Dana guardó silencio un rato.

—Nada. No pensaba nada. Me pareció extraño y curioso —reclinó el asiento del automóvil y cerró los ojos.

Cuando los chicos llegaron a la casa, esperaron encontrar a Bolo en el balcón, durmiendo en uno de los asientos de madera, mientras Spongy dormía en el otro. Cada vez se llevaban mejor. Era habitual verlos juntos. Para la tristeza de los chicos, Bolo ya no estaba. Le preguntaron a Betty, y ella les dijo que no sabía nada. Esperaron hasta la noche, y no llegó. Al otro día tampoco tuvieron suerte. Guardaron la esperanza de que apareciera durante el fin de semana, pero no fue así. Cuando pasaron una semana sin verlo, entendieron que no lo volverían a ver. Lloraban y lo salían a buscar todos los días. Estaban despedazados. Tomás los observaba sollozar, y no podía dejar de sentir un poco de remordimiento por lo que había hecho. Betty sufría al no poder decirles a sus hijos lo que había sucedido. Ella escuchó cuando Carlos y Tomás se llevaban a Bolo.

—Llevamos tres semanas buscándolo —Dana extrajo de un sobre las últimas fotos que le tomó—. ¿Crees que nos sea útil preparar afiches? —Tomy tomó las fotos en sus manos y comenzó a llorar.

—Ya no sé qué más hacer. Si no ha aparecido a estas alturas, es porque algo malo le debe haber sucedido. Mi pobre Bolo. Se perdió su cita para castrarlo. Hasta nos olvidamos de llevar a Spongy por andar tan angustiados —observó a Spongy, que estaba dormido en el suelo del cuarto de estudio.

—Vamos a llamar mañana al veterinario para que nos den una cita para la castración de Spongy. No quiero que se nos vaya a desaparecer, igual que Bolo —se le cortó la voz y lloró.

Betty y Tomás escuchaban a Dana y a Tomy llorar. Se acercaron al cuarto de estudio y contemplaron a los hermanos abrazados, llorando la desaparición y posible muerte de Bolo. Los ojos de Betty se llenaron de lágrimas. Le lanzó una mirada llena de rencor a Tomás, y se marchó. El padre de los jóvenes se quedó solo observando a sus hijos. Luego se marchó con una sensación en el pecho que desconocía: culpa.

LA SORPRESA

Bolo llevaba un mes desaparecido. Dana y Tomy habían concluido que estaba muerto. Estudiaban en la mesa del comedor, porque el cuarto de estudio les recordaba que el minino ya no existía. Tomás protestó una sola vez cuando vio a sus hijos y la gran cantidad de cuadernos, papeles y libros ocupando la mesa. Cuando dijeron que no podían permanecer en el cuarto de estudio porque recordaban a Bolo, se quedó callado y no volvió a quejarse. Se acostumbró a comer entre papeles y libros. Betty nunca usaba el comedor, así que para ella no era muy diferente. Miraba a Tomás y le comunicaba con sus ojos que el culpable del desorden era él. Tomás entendía el mensaje por parte de su indignada esposa, y guardaba silencio. Por primera vez estaba deseando que Bolo regresara para no sentirse tan miserable.

Una noche que cenaban, Tomás terminó de comer y llevó todo al fregadero. Betty, Dana y Tomy no lo podían creer. Se marchó a su cuarto en silencio.

***

—Estoy cansada. Ya no quiero pintar más mapas. Me voy a desvelar. Ya verás —Dana se quejaba de su proyecto para la clase de historia.

—Danita, es que te dije que no lo dejaras para el último momento. Se supone que colorearas un mapa todos los días, hasta el día de entrega del proyecto. Y estás fastidiada porque es tu proyecto final —Dana escuchó con paciencia el regaño de su hermano.

—Lo sé. Soy una irresponsable —dijo frustrada.

—Si fueras una irresponsable, no estarías dispuesta a desvelarte. No te digas así, pero tienes que aprender. En la universidad es muy distinto. Tienes que organizarte. Dame unos cuantos mapas de esos. Te voy a ayudar por una hora, porque tengo que repasar para mi examen final de microeconomía —Dana intentó no brincar de felicidad.

—Puedes brincar de felicidad. No me lo ocultes —se echó a

reír y Dana brincaba como una loca.

Betty terminó de lavar los platos. Ante la tristeza de no tener a Bolo en la casa, se sentía satisfecha de que, a pesar de todo, los hermanos se amaban mucho y nunca se separaban. Estaba muy orgullosa de sus hijos. Se los hacía saber siempre.

—Dana, ¿quieres que coloree yo también? —Betty agarró un lápiz de color.

—Mamá, vete a dormir. Yo ayudo a Danita. Trabajas todo el día sin parar. No te vas a poner a colorear mapas también —Betty suspiró.

—Déjame ayudarle con uno para relajarme. Como sea, no me puedo acostar muy tarde porque tu papá me regaña —Dana y Tomy se miraron indignados.

Coloreaban en silencio. Cada vez que alguien terminaba uno, Dana hacía una marquita en un papel para saber cuántos le faltaban. Ya no le importaba si quedaban bonitos o feos. Quería terminar el proyecto y acostarse a dormir. Su hermano, por otro lado, lo hacía como si se tratara de una obra de arte. Tomy era un perfeccionista desde que era muy pequeño y con su ejemplo, dentro de unos años, Dana también lo sería. Betty quería seguir ayudando, pero sus hijos no la dejaron quedarse más tiempo. No estaban dispuestos a escuchar a su padre llamarla para que se fuera a dormir. Besó a sus hijos, les dio las buenas noches y se retiró.

—¿Cuántos te faltan? —preguntó Tomy mientras verificaba los mapas que estaban coloreados.

—Creo que cinco —contó las marquitas que estaba haciendo—. Bueno, ya me has ayudado bastante. Yo sigo. No quiero abusar —separó los que faltaban por colorear.

—Te sigo ayudando. Ya no queda mucho. En veinte minutos, entre los dos, los terminamos. Ya es casi media noche y estás coloreando sin ganas —le quitó el mapa de las manos y continuó él.

—Tú tienes que estudiar para tu final de microeconomía —Dana le intentó quitar el mapa.

—Yo estudié todo ya. Nada más tengo que repasar. Eso lo

puedo hacer en una hora después de que terminemos aquí —no soltó el mapa—. Déjamelo, no le hagas fuerza, que lo rompemos. Y entonces te vas a quedar con el proyecto incompleto —Dana dejó de insistir.

Veinte minutos más tarde, la joven tenía su proyecto terminado. Estaba recogiendo la mesa para que Tomy pudiera repasar para su examen. Su hermano le dijo que se fuera a dormir, pero ella insistió en acompañarlo. Si él se quedó ayudándola, lo menos que ella podía hacer era acompañarlo para mantenerlo despierto. Tomy le prestó el libro de *La Odisea* para que se entretuviera mientras él repasaba. Antes de que su hermana pudiera leer una sola palabra del Canto I, escucharon un maullido que parecía un grito de agonía. Ambos se miraron a los ojos y se quedaron inmóviles. Era un maullido idéntico al de Bolo, pero muy fuerte. Parecía que lloraba de dolor. Se levantaron de las sillas del comedor y abrieron la puerta de la cocina. ¡Ahí estaba él! ¡Era Bolo, llamando a sus niños, reclamando su hogar!

—¡Bolo! —gritaron a la misma vez.

—¡No lo puedo creer! Eres tú, querido Bolo. ¡Eres tú! —Tomy lo tomó en sus brazos para besarle la frente.

—¡Quiero tocarlo! ¡Quiero saber si es de verdad! —Dana notó que Tomy cambió su rostro de felicidad—. ¿Qué sucede, Tomy? —preguntó preocupada.

—Busca comida y agua, debe tener hambre —se quedó mirando hacia el suelo—. Danita, Bolo está lleno de llagas por todo el cuerpo. Tiene llagas hasta en la cabeza —comenzó a llorar.

Dana le sirvió al gatito su comida y su agua. El fiel felino empezó a comer desesperado, más que la primera vez que llegó. Tomy le tomó la mano a Dana y se la acercó a la cabeza de Bolo. La niña retiró la mano rápidamente y se la llevó a los ojos. Comenzó a llorar junto a su hermano. No dejaban de pensar que esas llagas indicaban que Bolo seguramente se peleó con muchos animales y que la pasó muy mal mientras caminaba hasta la casa. Y no se equivocaban. Bolo casi no dormía, y cazaba poco para no perder el tiempo que necesitaba para regresar. Sin embargo, se encontró con varios gatos y tuvo que defenderse. También fue mordido por un perro, no tan simpático como su amigo Gregorio. Le dejó una herida en el espinazo que sanó sin saber cómo. Al final del día se debilitaba, pero sabía que tenía que continuar. Pensaba que, si se iba a morir, lo quería hacer cuando llegara hasta la casa para poder ver por última vez a sus queridos Tomy y Dana.

—Hay que llevarlo mañana temprano al veterinario porque tiene mal la piel. Son demasiadas llagas. No hay lugar donde no tenga. ¡Ay Bolo! Todos los malos ratos que debiste haber pasado por llegar hasta acá. ¿Por qué nos quieres tanto? Tu bondad está por encima que la de cualquier ser que he conocido —Tomy lo acariciaba con delicadeza, pensando que le podía doler.

Danita se quedó parada en la cocina observando a Bolo comer. No quería tocarlo porque temía lastimarlo. Era imposible quitarse la sensación en los dedos de las llagas. Eran prominentes. Hasta se le notaban a simple vista. El felino terminó la comida del plato. Tomy le sirvió otra porción, y comió la mitad. Luego tomó agua por un largo rato. Dana y Tomy se tomaron las manos y se dieron un apretón, se miraron a los ojos y sonrieron al mismo tiempo que lloraban. Todavía no podían creer que después de pensar que había muerto, ahí estaba comiendo, herido, pero parado en sus cuatro patas, con su mirada tan profunda, tan hermosa.

—¡Vamos al cuarto de estudio y nos quedamos allá con él! —Tomy lo cargó con cuidado.

Dana llevó la comida y el agua para Bolo, los libros de Tomy, y su proyecto. El examen de Tomy era a primera hora en la mañana. La joven tenía que asistir a la escuela solo para entregar su trabajo. Ya había terminado las clases. Tomy la iba a llevar a la escuela para que lo entregara, y luego se iban con Bolo a recoger a Ana para tomar el examen, y cuando terminaran, visitarían al veterinario.

Durmieron un rato, y luego se bañaron y prepararon para llevar a cabo el plan del día. Cuando Betty y Tomás se levantaron, se extrañaron al ver a Dana y Tomy preparados.

—¿Qué hacen levantados tan temprano? —preguntó Betty

todavía con la voz no muy clara.

—Yo voy a llevar a Danita a la escuela. Se va a la universidad conmigo —contestó Tomy.

—¿Ya terminaste las clases? —preguntó Tomás.

—Sí, ya terminé. Nada más tengo que entregar el proyecto y listo —contestó Dana, desesperada por ir al cuarto de estudio a ver a Bolo.

—¿Por qué te vas a la universidad con tu hermano? —indagó Tomás.

—Bolo apareció esta madrugada. Está lleno de llagas y se ve débil, a pesar de que tiene mucho apetito. Lo tenemos que llevar al veterinario —comentó Tomy.

—¿Bolo llegó? ¿En dónde está? —preguntó Betty emocionada.

—En el cuarto de estudio —contestó Dana.

Betty y Tomás salieron de la casa para comprobar con sus propios sentidos que Bolo había regresado. Cuando abrieron la puerta, Bolo les maulló. Corrió hacia ellos y acarició su delgado cuerpo con las piernas de ellos. Ambos tenían las piernas desnudas y pudieron sentir las llagas del cuerpo del gatito. Betty se alejó rápidamente y se agachó para tocarle la cabeza. Sintió las llagas en todo su cuerpo. Le pidió a Tomás que lo tocara. Cuando Tomás lo tocó, se sintió muy miserable. Lo invadió una mezcla de arrepentimiento y culpa, y otro sentimiento que no podía explicar. No podía mirar a sus hijos a los ojos.

—Llévenlo al veterinario y obtengan una cita para que lo castren, y otra para Spongy —Betty se asombró al escuchar las palabras que salieron de la boca de Tomás.

Los chicos, concentrados en el bienestar del minino, se marcharon enseguida con él. Se portó muy bien durante todo el viaje hasta la escuela. Dana entregó su proyecto y obtuvo una buena calificación.

—Menos mal que Tomy y Mamá me ayudaron —pensó.

Cuando Ana vio a Bolo lleno de llagas, se le rompió el corazón. Pudo imaginar lo mal que el pobre minino había pasado ese mes que estuvo "perdido".

—Vamos a terminar el examen lo más rápido que podamos —sugirió la joven.

—Ya llegamos —dijo Tomy al estacionar el vehículo—. Danita, quédate con él mientras nosotros tomamos el examen. Esperamos salir pronto —el joven le entregó la llave del auto a su hermana.

Ana y Tomy estuvieron cinco minutos en su examen. El profesor les dijo que no tenían que tomarlo porque estaban entre los promedios más altos de la clase. Se sintieron aliviados porque así podían llevar a Bolo a que lo sanaran.

Danita sintió alivio cuando vio a Ana y a Tomy regresar con una enorme sonrisa en sus rostros. Pensó que se tomaron muy en serio lo de terminar el examen rápido.

—¿Ya terminaron? —preguntó al mismo tiempo que los jóvenes entraban al automóvil.

—No, para nada. No tuvimos que tomarlo porque íbamos muy bien en la clase —Danita se sorprendió.

—¡Qué buen profesor! —comentó.

—Digamos que ahora tiene dos exámenes menos para corregir —añadió Ana guiñándole el ojo izquierdo a Dana.

—Bueno, Bolo… —el felino maulló enseguida que escuchó a Tomy pronunciar su nombre—. Vámonos al consultorio del doctor Rosa.

Para su sorpresa, Bolo no estaba grave. Le dieron una medicina para que sus llagas sanaran y otras para los parásitos. El veterinario dijo que era un gato muy bueno.

—Hoy fue un día bueno —dijo Ana mientras abrazaba a Bolo.

—No tuvimos que tomar el examen, Danita entregó su proyecto, y Bolo va a estar muy bien —agregó Tomy.

—¡Y lo van a castrar! ¡Ya no se va a escapar más! —exclamó Dana.

—No le digas al pobre Bolo que lo van a castrar. ¡Se nos puede escapar otra vez! —Dana se echó a reír con el comentario de

Tomy.

***

Todos en la casa estaban contentos por el futuro bienestar de Bolo. Hasta Tomás se veía con un poco de alivio en el rostro. El alivio se debía a que ya no sentía tanta culpa. Tenía tanto miedo de mirar a Bolo. Sentía que había cometido un crimen en contra de un ser superior. No entendía qué era ese temor que se sumergía en su pecho.

Se respiraba paz en la casa. Spongy estaba feliz, y sus hijos también. De los cuatro pequeños que ya no eran tan pequeños, quedaban tres. Uno de ellos, al que llamaban Mosquita, se desapareció. La madre de los mininos fue adoptada por unos amigos de Betty y Tomás. Dana y Tomy quisieron quedarse con las dos gatitas y el gatito. Tomás no dijo nada. Al gato blanco, de pelo largo y de ojos verdes lo llamaron Norberto, a la gata de tres colores, de pelo corto y de ojos amarillos la llamaron Pinti, y a la gata blanca, de pelo largo y de ojos azules la llamaron Soky. Bolo se llevaba muy bien con todos, pero cuando peleaban, los separaba y siempre ponía orden. Spongy se dedicaba a dormir y a observar.

El día de la castración se acercaba. Los chicos no le dieron de comer a Bolo ni a Spongy la noche antes, y les explicaron que los iban a operar y por eso no podían comer. Los encerraron en el cuarto de estudio para que no escaparan, y luego los llevaron al veterinario. Todo salió bien y cuando los recogieron estaban dormidos con las lenguas fuera de sus bocas. A Dana le parecía que estaban muertos y no los quería mirar. Tomy decidió cambiar el nombre de Bolo a Bolito. Sentía que luego de la castración, ya el nombre de Bolo no era apropiado para él. Danita y Ana pensaban que el nombre era perfecto para un felino como él.

De vuelta en la casa, a Spongy lo encerraron en su casita, y le dejaron una caja con trozos de papel periódico para que hiciera sus necesidades. El veterinario prohibió que usaran arena de gato. A Bolo lo encerraron en el cuarto de estudio. Al otro día ya estaban despiertos y pudieron comer y beber agua. Los pobres parecían que no habían comido en meses. Se seguía respirando paz en el hogar, hasta que llegó Carlos a visitar a los gatitos.

—Vine a ver a los gatitos. ¿Cómo están?

—Están bien. Ven con nosotros para que los veas —Dana y Tomy le enseñaron a Carlos que ya los gatitos estaban bien.

—Tienes que saber que ahora se llama Bolito y no Bolo —dijo Dana a su primo, que se echó a reír con la ocurrencia del nombre.

Carlos acompañó a Tomy y a Dana al comedor y comenzaron a hablar sobre la recuperación de los gatitos. De repente, el joven dijo algo que dejó quebrados a Dana y a Tomy.

—Recuerdo que tío Tomás echó de la casa al pobre Bolito tres veces —Dana y Tomy palidecieron.

—¿Qué estás diciendo, Carlos? —preguntó Dana acercándose a su primo.

—Pues hace más de un mes tío Tomás me pidió que lo acompañara a *Machabuca*. Yo le dije que sí. Me recogió en la escuela, y en el carro tenía al gatito en una jaula. Yo me quedé callado todo el camino, y cuando llegamos al lugar, lo liberó y nos fuimos. Entonces, de regreso me contó que una vez Sergio se lo llevó para abandonarlo en el estacionamiento del supermercado. La segunda vez se lo llevó con Pedro a la hacienda de tío Jorge. Me dijo que no les dijera nada a ustedes. Ay, creo que ya les dije. Mejor me voy, porque va a saber que les dije —Tomy y Dana seguían pálidos y sin decir una palabra.

Los hermanos, enfurecidos, pero todavía sin poder dejar salir la rabia, observaron a Carlos abrir la puerta de la casa y marcharse en su bicicleta. Sabía que su tío lo iba a regañar cuando Dana y Tomy le reclamaran el crimen que cometió. Antes de ir a reclamarle a Tomás, decidieron contarle a Betty. Ella se encontraba en el cuarto de lavar ropa. Su padre se encontraba cerca, y no querían preguntarle en ese lugar. Esperaron a que entrara a la casa. Cuando entró a la cocina, le contaron todo. Betty se puso bien nerviosa, y los hermanos lo notaron. Comenzaron a interrogarla.

—Mamá, ¿tú sabías algo? —preguntó Tomy decepcionado.

—Sí, yo lo sabía, pero tu papá me pidió que no dijera nada.

¿Qué más podía hacer? —Dana empezó a llorar.

—No puedo creer que nos hayan mentido. Puedo esperar cualquier cosa de mi padre, pero de ti no me lo esperaba, Mamá — Tomás escuchó lo que estaba diciendo Dana.

—Me parece indignante que tanto que predican en la iglesia sobre la mentira, y nos mintieron todo este tiempo. Te preguntábamos en dónde estaba Bolito, y nos decías que no sabías. Enseñas a los niños de la iglesia a no mentir, y tú eres la primera que mientes —Tomy dejó de hablar para respirar.

—¿Qué les pasa? ¿Por qué están hablándole así a su madre? —dijo Tomás desde el balcón.

—Nos engañaron. Echaste de la casa a Bolito, a ese pobre gatito que no molesta. Lo hacías a escondidas. Mamá era tu cómplice, y hasta arrastraste a Carlos en tu último intento, aprovechándote de que no se iba a negar. Ustedes cometieron un crimen. ¡Son unos criminales! —Dana levantó la voz.

—¡Más respeto! Somos tus padres. Ambos nos deben un respeto. Tomy, le faltaste el respeto a tu madre diciéndole mentirosa —Tomy lo miró a los ojos.

—Yo dije la verdad. Eso no se hace. Lo que ustedes hicieron es un crimen —Tomás miró a Betty y luego miró a sus hijos.

—Su madre no hizo nada. Lo hice yo —Dana interrumpió.

—Pero ella nos mintió, porque nos vio llorar, nos vio salir todos los días a buscar a Bolito y siempre nos decía que no sabía a dónde se había ido. Eso es mentir, y es un crimen, y según lo que dicen ustedes en la iglesia, es pecado. Y quiero que tengas muy claro que lo que hiciste está mal. Si vuelves a tocar a Bolito, el mundo entero se va a enterar. Voy a denunciar lo que hiciste —Tomás miró a su enojada hija, y luego a Betty.

—Increíble que estén así por un gato —Tomy le interrumpió.

—Una inocente criatura que es parte de la creación —Tomás suspiró.

—Ya dije que el gato se puede quedar. No hay razón para pelear. Dejen de pelear con su madre y respétenla —salió de la casa sin decir nada más.

—Perdónenme. Debí haberles dicho, o no permitir que su padre echara al pobre gatito. Yo les dije que no lo hicieran, pero no me hicieron caso. Tomás se puso a pelear porque quería sacar al pobre Bolito a toda costa. Yo debí haberlo impedido. No se molesten conmigo, por favor —Dana y Tomy se sentaron en el sofá de la sala.

—Está bien. Ya pasó, pero si se atreve a tocar otra vez a Bolito, te juro que no respondo —dijo Tomy antes de salir al cuarto de estudio a acompañar al felino.

—¿Vas a ir con Tomy al cuarto de estudio? —preguntó Betty a su hija.

—Sí, quiero estar pendiente. No confío en mi padre —Betty fijó la mirada en el suelo y permaneció en silencio.

LOS TRES RESCATES DE BOLITO

Los años pasaron y Bolito tuvo un lugar privilegiado en la casa. Tomás no se volvió a meter con él, y no era extraño llegar al balcón y verlo acostado en su hamaca con Bolito dormido en su pecho. Eso no le garantizó ganarse la confianza de sus hijos, pues una tarde que Tomy regresó de la universidad, no encontró a Pinti. Dana regresó de la escuela, y su hermano lloraba por no encontrar a su gatita querida. Tomás admitió que la llevó a un albergue de animales, donde lo más seguro sería una más en la fila para la eutanasia. Nunca se supo por qué lo hizo, pero lo hizo. Pinti se escapó del albergue, y Tomy y Ana la buscaban todos los días al salir de la universidad. Colgaron carteles y ofrecieron recompensa. Lograron atraparla luego de dieciséis días de búsqueda. Estaba tan delgada que se le marcaban los huesos.

Nuevamente, cuando Tomás la vio así de desmejorada, se sintió tan miserable como cuando Bolito llegó lleno de llagas por su culpa. Tomás actuaba de una manera extraña. Nadie podía entender por qué cometía actos crueles, y por qué no era consistente en su comportamiento. Un día despedía amor por sus poros, y otro día quería acabar con el mundo. Betty siempre lo intentaba justificar, aunque sabía que todo lo hacía mal. Su meta era mantener la armonía en su hogar, pero no pensaba que, siendo cómplice de los actos de maldad de Tomás, jamás iba a conseguir armonía, sino que sus hijos también estaban desconfiando de ella. Al final, el padre de los chicos terminó dándole cariño a Pinti, como hacía con Bolito. Los hermanos no sabían si lo hacía porque estaba arrepentido, o porque se sentía culpable y temía quemarse en el infierno. No hacía diferencia para ellos, pues estaban convencidos de que su padre era cruel, y aunque tratara de enmendar sus errores, seguiría cometiéndolos.

Mientras Tomás sorprendía por sus malos actos, Bolito lo hacía por su bondad. Le llamaban el gato rescatador de gatitos. Una mañana lo vieron meterse entre unos arbustos y luego salir de ellos acompañado de un pequeño gatito negro. El minino lo siguió hasta el balcón y Bolito le ofreció la comida que estaba en su plato. Se quedó sentado a su lado hasta que terminó de comer. Luego lo lamió y lo protegió de los otros felinos, pues no todos recibían a extraños con cariño. El pequeño gatito, por supuesto, no pudo quedarse con la familia. Tomás se lo regaló a un comprador de frutos que siempre hacía negocios con él. Lo hizo sin consultarle a nadie, pero ya estaban acostumbrados a ese tipo de comportamiento. No les quedó nada más que rogar que el felino estuviese en buenas manos.

El segundo rescate de Bolito fue también un gatito bebé. Una mañana, Tomy y Dana lo encontraron en el balcón junto al pequeño, lamiéndolo como si fuese una gata con su cría. Dana y Tomy admiraban el comportamiento de su querido gato. Era tan noble que compartía su comida y no se acercaba a probarla hasta que el minino terminara de comer. Se mantenía a su lado supervisándolo, como un guardaespaldas. Estuvo varios días cuidando de ese pequeño hasta que una mañana ya no estaba. No se sabe lo que ocurrió con él, pero Dana y Tomy no descartaban la posibilidad de que Tomás hubiese tenido que ver con la desaparición del minino.

El tercer acto de generosidad de Bolito fue cuidar de una gata con sus crías. Parece que alguien abandonó a la pobre minina cerca de la casa de Tomy y Dana, y Bolito se encargó de pasar tiempo con ellos y protegerlos. Era como un gato guardián. Una tarde, cuando se encontraba en el balcón, y la gata estaba en la parte baja de la casa junto a sus pequeñines, un gato callejero intentó atacarlos. Cuando Bolito escuchó los gritos de la gata, se levantó, corrió a toda velocidad atravesando las escaleras como si estuviese en el aire. Enfrentó al invasor que quería hacerles daño a las crías de la gata, y le dio una tremenda paliza. No se quería separar de ella. Por fortuna, un amigo de la familia de Ana, amante de los animales, adoptó a la gata con sus crías. Tomy, Dana y Bolito sabían que iban a estar bien. Se quedaron tranquilos de que Tomás no metió la nariz en ese asunto.

MILAGROS

Bolito se encontraba en el balcón de la casa acompañando a Dana, cuando escucharon el sonido del vehículo de Tomy. Observaron que se acercaba a la casa con una velocidad mayor de la acostumbrada. Se estacionó, abrió la portezuela y salió del vehículo casi corriendo hasta llegar a la portezuela del pasajero. Subió la vista hacia el segundo nivel de la casa para buscar a Dana.

—Ven. Necesito que me ayudes. Busca una toalla o una frazada —Danita no preguntó nada y se limitó a obedecer su pedido. La joven bajó las escaleras rápidamente. Bolito se quedó en el balcón, contemplando desde arriba lo que estaba sucediendo. Tomy sacó con mucho cuidado una caja de cartón y la colocó sobre el suelo. Dentro de la caja se encontraba una gata sangrando y respirando de manera agitada. No se quejaba, tampoco se movía. Nada más respiraba.

—Estaba tirada en el estacionamiento del supermercado. Se arrastraba y nadie le hacía caso. ¡Parecía como si fuese invisible para ellos! —Tomy manifestaba frustración en su mirada.

—Llegaste en el momento perfecto. La rescataste del olvido —le entregó la toalla a su hermano.

—Siento que tiene frío. Lo que quiero es limpiar un poco la sangre y taparla —limpió con cuidado el sangrado con la toalla y Dana abrigó a la minina con la frazada.

Los hermanos subieron hasta el balcón. Tomy llevaba la caja y Dana la toalla sucia. Bolito los recibió maullando, como si quisiera preguntar algo. Tomy colocó la caja en el sofá de madera del balcón. El interesado minino saltó, y con delicadeza, comenzó a oler a la gatita. Luego lamió su cabeza. Este comportamiento era de esperarse. Los chicos sabían que Bolito no le haría daño, pero temían que la felina no amaneciera viva. A esa hora no tenían disponible un veterinario. No quedaba más remedio que esperar a la mañana.

—¿Sobrevivirá? —Dana esperaba una respuesta positiva de parte de su hermano.

—No sé, pero si no lo logra, nos encargaremos de que tenga mucho amor y cuidado esta noche. La voy a llevar a mi cuarto.

—¿Tendrá hambre o sed? —Dana le ofreció comida del plato de Bolito, pero la gatita no reaccionó.

Tomy llevó a la frágil minina a su cuarto. Antes de quedarse dormido, le pidió que resistiera, que no se muriera. Mientras tanto, Bolito estaba en el balcón junto a Spongy, muy inquieto y desesperado.

—Duerme. Mañana temprano la van a llevar al veterinario y estará bien —dijo Spongy medio soñoliento.

—No puedo evitar estar así. Vi el dolor en sus ojitos. Debe sentirse muy mal —levantó su patita izquierda y tocó la puerta de vidrio—. Si me dejaran entrar para acompañarla.

—Sabes que nosotros no podemos entrar. Con mucha suerte Norberto y Soky pueden dormir con Danita. Siempre me pregunto por qué yo no puedo dormir con ella, si yo llegué primero —cerró los ojos inmediatamente.

Bolito se quedó mirando a Spongy dormir, con la intención de relejarse y quedarse dormido también. Su instinto protector era tan fuerte que hubiese querido romper el vidrio de la ventana y correr hacia el cuarto de Tomy para acompañar a la gatita herida, pero su tamaño no se lo permitía. Sentía que la felina lo necesitaba, y si sobrevivía, lo iba a necesitar en todo momento.

Al fin se quedó dormido y cuando el sol tocó la puerta de sus ojos con sus cálidos rayos, despertó. Para su sorpresa, Tomy y Dana estaban desayunando y conversando muy alegres. Eso significaba que la gatita se encontraba bien.

—Bueno, vámonos a la universidad —se acercó a Bolito para decirle algo—. Danita y yo vamos a estudiar, pero cuando regresemos, llevaremos a la gatita al veterinario —acarició la cabeza de Bolito.

Tomy y Dana pidieron a Betty que vigilara a la felina mientras ellos tomaban las clases en la universidad. Se sentían muy ansiosos por no poder llevarla en la mañana a que la atendieran, pero no tenían otra opción pues el veterinario realizaba distintas cirugías en la mañana, y en la tarde atendía a los animales.

—¿Están seguros de que no quieren llevarla a otro veterinario que atienda en la mañana? —preguntó Betty, preocupada.

—Es que sabes que el Dr. Rosa es el mejor. Además, yo tengo un examen y Tomy tiene una prueba corta. La asistencia a las otras clases equivale a una nota. Los profesores no nos van a perdonar la ausencia si le decimos que es por llevar al veterinario a una gatita —comentó Dana.

—Es cierto. Eso no suele ser importante para todas las personas —añadió Tomy.

—Si no preguntan, jamás sabrán. Seguramente los sorprenden. Hay muchas personas que podrían comprender —dijo Betty de manera optimista.

—Es cierto, pero ella ya está estable y si estuviese muy mal, la llevaríamos a otro veterinario, aunque no fuera tan bueno como el Dr. Rosa —Danita asintió al comentario de su hermano.

—En eso les doy la razón. El doctor Rosa es un excelente profesional. Es como un veterinario para el pueblo, para todos —sonrió mientras miraba a través del vidrio de la ventana a Spongy y a Bolito, que se encontraban en el balcón.

Dana y Tomy besaron a su madre y se fueron a la universidad rogando que el día pasara volando para llevar a la felina al veterinario. Bolito también quería que el día pasara rápido. Hubiese querido que lo dejaran entrar al cuarto de Tomy para cuidarla.

—Te puedes meter sin que lo noten —sugirió Spongy.

—No creo que sea bueno. Si me atrapan, meto en problemas a todos, incluyendo a la pobre gatita —Bolito miró a Norberto y a Soky, que acababan de salir de la casa y se dirigían al balcón.

—Ya tienes tu solución. Envía a los privilegiados al cuarto de Tomy para que te cuenten sobre tu amiga —el gordo gato suspiró y se durmió.

Bolito observó sorprendido a Spongy.

—Callado, perezoso, desinteresado, pero inteligente —pensó, cuando Spongy abrió los ojos de momento.

—Me miras sorprendido. Sí, soy un gato gordo y vago, pero puedo pensar. Además, conozco bien a esos pequeños. ¡Después de todo son mis hijos! —suspiró, se dio la vuelta y se volvió a dormir.

Bolito no contestó nada al comentario repentino de Spongy. Se limitó a lanzar carcajadas mentales. Ahora tenía que acercarse a los gatos privilegiados de la casa, los preferidos de Tomás, y pedirles el favor.

—Hola. ¿Ya desayunaron? —preguntó el educado felino.

—Vamos al baño y luego a jugar —contestó Norberto.

—Vamos a jugar con las flores del jardín. ¿Nos acompañas? —preguntó Soky al mismo tiempo que lamió su regordeta pata—. Nuestro padre siempre duerme y no quiere jugar.

—Yo puedo jugar con ustedes, pero antes necesito que me hagan un pequeño favor —Norberto y Soky se acercaron interesados ante lo que Bolito les iba a pedir.

—¡Sí, sí! ¡Hacemos lo que sea por jugar contigo! ¿Me enseñas a cazar ratones? —el gato blanco de ojos verdes corrió emocionado alrededor de Bolito.

—¿Cazar ratones? ¡Qué asco! Yo quiero jugar con las flores del jardín —dijo Soky luego de pegarle a su hermano.

—No se peleen. Soky, no le pegues a tu hermano. Podemos jugar con las flores, y luego enseño a Norberto a cazar ratones. ¿De acuerdo? —Soky lamió la cara de su hermano en señal de arrepentimiento.

—Está bien. Bueno, ¿qué tenemos que hacer? —preguntó la hermosa gata.

—Lo que quiero es que vayan al cuarto de Tomy y verifiquen a una gatita que se encuentra allí —dijo intentando que los mininos no se distrajeran con las sorpresas que el viento llevaba al balcón.

—¿Una gatita? ¿Ella viene a jugar con nosotros? —preguntó Soky.

—No puede jugar —contestó Bolito, con una mirada triste.
¿Por qué no puede jugar? ¿Está enferma? —preguntó Norberto con la inocencia que lo caracterizaba.

—Pues no exactamente. Tomy la trajo ayer dentro de una caja. No puede caminar porque un carro la atropelló —suspiró ante las caritas de tristeza de los hermanitos blancos.

—¿Quieres que vayamos a verla para saber cómo sigue? —preguntó Soky.

—Así es, querida. Yo no puedo entrar porque me pueden regañar, pero ustedes sí pueden. Tomy y Danita la van a llevar a un veterinario para que la curen, pero acaban de irse a la universidad. Yo necesito saber que esa pequeña se encuentra bien, para poder estar en paz —los dos hermanitos nunca apartaron la mirada de los ojos del gato sabio. Ninguna de las hojitas secas que el viento llevaba al balcón fue capaz de distraer a cualquiera de ellos.

—Claro que sí. Vamos ahora mismo a verla —se metieron corriendo a la casa para entrar al cuarto de Tomy.

Bolito sabía que en un minuto o menos los hermanitos regresarían con noticias de la gatita herida. Sin embargo, ya habían pasado alrededor de dos minutos y medio, y no tenía noticias. Sentía que algo malo había sucedido y se estaba tornando nervioso. De repente, vio salir a Soky por la puerta de la cocina.

—¿Qué pasó? ¿Por qué tardaron? —preguntó desesperado.

—Malas noticias —Bolito la interrumpió.

—¿Malas noticias? —preguntó asustado.

—Sí, la puerta está cerrada y no la podemos abrir —Bolito sintió un alivio y suspiró.

—Pequeña, me vas a matar de un susto. Pensé que habían visto lo peor —Soky le lamió la cabeza a Bolito.

—Perdón por asustarte. La buena noticia es que podemos entrar. Bueno, Norberto puede entrar. Pinti le enseñó a entrar al cuarto de Tomy usando un pasadizo que hay por los gabinetes de la cocina —dirigió su vista hacia la parte alta de los gabinetes.

—¿Norberto sabe subir tan alto? —preguntó fingiendo sorpresa para aumentar el entusiasmo del inocente gatito.

—¡Sí! Lo hago casi tan rápido como Pinti. Además, no me da miedo —dijo muy orgulloso.

—Pinti es muy rápida, pero salió muy temprano a casa del vecino. Él le da leche y a ella le gusta —Bolito abrió los ojos más de lo normal.

—Si Tomy o Danita se enteran, no la van a dejar ir más a casa del vecino. No nos dejan tomar leche porque dicen que nos hace daño —comentó Norberto.

—Sí, nos hace daño. Hay que hacerle caso a Tomy y a Danita —Norberto y Soky se quedaron mirando a Bolito —. Norberto, ¿estás listo? —el orgulloso minino se incorporó ante la pregunta de Bolito.

—Claro que sí. ¡Observen! —Bolito y Soky esperaron la función.

Norberto se subió a una de las superficies y luego escaló hasta la parte alta de los gabinetes. De repente, se desapareció por un hueco que lo llevaba hasta el armario del cuarto de Tomy. Utilizando su fuerza, empujó con consistencia y perseverancia la puerta que lo mantenía encerrado en el armario. ¡Por fin la logró abrir! De un salto, cayó al lado de la caja donde se encontraba la gatita. Le dio mucha tristeza cuando la vio metida en la cajita porque solamente podía mover la cabeza.

—¿Qué te pasó? ¿Por qué estás tan lastimada? ¿Te pegó un automóvil? —preguntó el curioso minino.

—Estaba caminando por un estacionamiento de un supermercado, buscando algo de comer en el suelo, y un vehículo me pegó. Rodé y me pegué en la cabeza. No recuerdo nada más. Puedo mover las patas delanteras y la cabeza, pero duele tanto que me limito a mover solo la cabeza —dijo con poca energía.

—Perdóname por hacerte hablar tanto —acercó su cara a la de la gatita para olerle la nariz—. Guao, tienes los ojos azules, como los de mi hermana. ¡Qué muchos colores tienes en tu pelaje! Eres muy bonita —se sentó frente a ella a observarla.

—Gracias, amigo. Las personas que me regalaban sobras, comentaban que yo era una mezcla de gata siamés. No sé qué es una gata siamés. También decían que, a pesar de no ser pura, era bonita. Tú también dices que soy bonita. Debe ser cierto, entonces —dijo la inmóvil gata.

—A mí me pareces bonita, aunque no seas pura. Tampoco sé lo que significa eso, pero los humanos sabrán. Yo he escuchado que mi hermana y yo somos mezclados con persa, al igual que mi padre. Mi padre tiene el pelaje largo como el de nosotros. Mi madre tenía el pelaje corto —contaba Norberto, olvidando que llevaba mucho tiempo conversando, y Bolito lo estaba esperando.

—¿Tus padres viven aquí? —preguntó, ya sin esforzarse a levantar la cabeza.

—Mi padre sí. A mi madre la regalaron a unas personas amigas de esta familia. Es que ella no es de pelo largo. A Tomás, el padre de mis papás humanos, Tomy y Danita, no le gustan mucho los gatos de pelo corto. Tenemos una hermana de pelo corto, llamada Pinti, que fue llevada por él a la perrera. Por fortuna, Tomy la encontró y la trajo de vuelta. Y vive en este cuarto. Pronto la vas a conocer —la gatita se preocupó ante la historia de Norberto.

—¿Dónde está Pinti ahora? —Norberto se tumbó al lado de la caja.

—Ella está bebiendo leche en casa del vecino —se subió a la cama y asomó su cabeza por la ventana para mirar hacia la casa del vecino—. Cuando te sanes, vas a poder subirte aquí.

—La leche sabe muy rica. A mí me regalaban, a veces —cerró los ojos para recordar esos momentos.

—No debes tomarla. Hace daño a los gatos. Y… Tomy y Dana no pueden saber que Pinti se va a casa del vecino a tomar leche, porque no la van a dejar visitarlo más. Son muy buenos amigos. Pinti dice que, aunque no le diera leche, ella seguiría visitándolo —se bajó de la cama y volvió a sentarse al lado de la caja.

—Pinti debe ser muy simpática y aventurera —levantó la cabeza para mirar a Norberto.

—Más o menos simpática, pero muy aventurera. Sabe escalar, y me enseñó el pasadizo para meterme a este cuarto cuando la puerta está cerrada. ¡Puedo escalar casi tan rápido como ella! —se

119

subió de un salto a la cama y se sentó.

—¡Te felicito! ¿Escalaste para venir a verme? —Norberto volvió a bajarse de la cama y se acercó a la caja algo preocupado.

—Casi lo olvido. Vine hasta aquí porque Bolito, un gato amigo de nosotros, me pidió que verificara que estuvieses bien. Me dijo que vio cuando Tomy te trajo hasta aquí, y se quedó preocupado. Él no puede entrar porque no lo dejan —la gatita levantó la vista para hablar.

—¿Por qué no lo dejan entrar? —bajó la cabeza para descansar.

—No sé. Es un gato muy bueno, el mejor de todos —dijo con orgullo—. Y me va a enseñar a cazar ratones. ¿Tú sabes cazar ratones? —preguntó entusiasmado.

—Sí, y muy bien. Tal vez, si me mejoro, podré cazar ratones contigo y con Bolito —su mirada azul cielo se entrelazó con el verdor de los ojos de Norberto.

—No lo dudes. Te vas a mejorar porque Tomy y Danita nunca se rinden —pegó su nariz con la nariz de la inerte felina.

—Norberto, ¿Bolito es de pelo largo o pelo corto? — Norberto se detuvo a pensar.

—Es de pelo corto —contestó, confundido.

—¿Y yo? ¿Soy de pelo corto o largo? —Norberto no entendía por qué le hacía esas preguntas.

—Pareces de pelo corto. ¿Por qué preguntas?

—Para saber si Tomás, el dueño de la casa, me va a querer o no —Norberto no supo qué contestar y decidió cambiar el tema.

—Bueno, yo me tengo que ir porque necesito decirle a Bolito que te encuentras estable, y que cuando te cures vas a cazar ratones con nosotros —se acercó a la puerta del armario y se quedó pensando.

—¿Te sucede algo? ¿Por qué no te mueves? —preguntó la gatita, curiosa.

—Es que… —no se atrevía a decir nada.

—¿Sí? ¿Sucede algo? —la felina esperaba una respuesta.

—Es que Pinti me enseñó cómo entrar al cuarto, pero no

me enseñó cómo salir —corría de lado a lado, buscando otra salida que sabía que no iba a encontrar.

—¿Y qué harás?

—Lo que hace todo gato casero en apuros: pedir ayuda a gritos. Ya escucharás mis maullidos. Son casi tan fuertes como los de Bolito —la gatita escuchó un maullido como de un gatito pequeño.

—No he escuchado el maullido de Bolito, pero debe ser muy fuerte como el tuyo —mintió para no hacer sentir mal a Norberto.

—Sí, bien parecido al mío —contestó orgulloso.

Norberto maullaba con fuerza hasta que Betty lo escuchó y corrió hacia el cuarto pensando que le sucedía algo a la gatita. Cuando abrió la puerta, se encontró a Norberto maullando desesperado. Comenzó a reír a carcajadas. Norberto, sentado frente a ella y sin hacer movimiento alguno, la observaba con sus enormes ojos verdes.

—Me pregunto de qué se estará riendo —miró a la gata, y regresó la mirada hacia Betty.

—Mi pobre bebé se ha quedado encerrado. ¿Qué pasó? ¿Pinti te enseñó a bajar, pero no a subir? —Norberto se quedó mirando a su nueva amiga sin decir nada, y luego se acercó a las piernas de Betty para acariciarse.

—Si supiera que tiene toda la razón —comentó el blanco minino al mismo tiempo que miraba a la gatita que permanecía en su caja.

—¿Estabas visitando a la gatita? No la vayas a molestar, porque se encuentra enferma. No puede caminar. Vamos a sacarte de aquí para que la pequeña descanse —lo cargó fuera del cuarto—. ¿Estás bien, pequeña? —se acercó a la minina y verificó que no le faltara agua y comida.

Betty cerró la puerta de la recámara. Le causó curiosidad no ver a Norberto dentro de la casa. Se acercó a la puerta de vidrio y notó que el inocente gatito se encontraba con Bolito en el balcón.

—Cualquiera diría que están hablando —comentó Betty sin saber que eso era lo que hacían.

—¿Cómo se veía? —preguntó Bolito preocupado.

121

—Estaba feliz. Le duele mucho su cuerpo, pero se siente bien de ánimo. Charlamos por un buen rato, hasta que Betty me ayudó a salir —lamió su patita izquierda—. Es que Pinti me enseñó a bajar por el clóset, pero no me enseñó a regresar —continuó lamiendo su patita para esquivar las miradas de los demás mininos.

—Eso no es motivo de vergüenza, Norberto —dijo Bolito.

—Quiero ser tan valiente como tú —Bolito se colocó frente él y le lamió la frente.

—Has demostrado ser el gato más valiente con eso que has hecho —Norberto estiró su cuerpo en señal de orgullo.

—Si la gatita te habló y se sentía animada, va a estar bien —comentó Spongy—. He escuchado a los veterinarios decir que, si comemos, es buena señal.

—Le dije que tenía unos ojos muy hermosos. Creo que la hice sentir bien. También me dijo que ella estaba en el estacionamiento de un supermercado, y un vehículo le pegó, rodó por el pavimento y no recordó nada más —Spongy y Bolito lo escucharon sorprendidos.

—Pobrecita. Tiene suerte de estar viva —dijo Bolito con la mirada fija a la puerta de vidrio.

—Y tiene suerte de que nuestro querido Tomy la encontrara —dijo Spongy.

—Tomy es un ángel. Me siento tan orgulloso de él —comentó Bolito.

—Lo dices como si fueras mayor que él —dijo Norberto mientras jugaba con una hoja que cayó de las plantas que colgaban del techo del balcón.

—Es que... —se detuvo a pensar lo que iba a decir—. ¿Quién no se puede sentir orgulloso de Tomy? —los mininos se detuvieron a pensar.

—Bueno, parece que Tomás a veces sí y a veces no —contestó Norberto.

—Tomás no cuenta. Él parece ser lo que las personas llaman bipolar —dijo Spongy.

—¿Qué es eso? —preguntó Norberto.

—Eso significa que Tomás cambia de humor constantemente —explicó Bolito.

—Entiendo —se quedó pensando.

—Dejemos de hablar de Tomás y vamos a dormir un rato. Ya sabemos que nuestra amiga está bien —sugirió Spongy.

—De acuerdo —dijeron sus amigos a coro, y olvidando la clase de cacería de ratones, se acostaron a dormir.

Pasaron varias horas y la herida felina dormía, despertaba y miraba a su alrededor las pertenencias de Tomy. Tenía una cama gemela, un escritorio con una computadora, libretas de dibujo, libros y dos ventanas de vidrio que le permitían el acceso de salida a Pinti cuando se le antojaba ir a casa de su vecino a tomar el líquido prohibido. Su mirada fija en el clóset le hacía soñar con el momento que se sanara y pudiera entrar al cuarto como lo hacían Pinti y Norberto. Sus ojos se empezaron a cerrar de nuevo. Durmió hasta que la puerta del cuarto se abrió. Eran Ana, Danita y Tomy. Levantó la cabeza y los chicos sintieron alivio.

—Está viva —dijo Tomy al mismo tiempo que se acercaba al tierno animal—. Vamos a meterla en la jaula para llevarla al veterinario —Betty asomó su cabeza por la puerta.

—¿No van a comer antes de irse? —preguntó preocupada.

—No podemos. Es que queremos llevarla rápido —dijo Tomy lamentando no poder comer la deliciosa comida de su madre—. Comeremos al regresar.

—¿Pueden traerla a la sala? Allí está la jaula de transporte —los jóvenes siguieron a Betty.

Los hermanos y Ana observaron la jaula y entendieron que no era buena idea meter a la felina. No querían que se fuera a lastimar por estar moviéndola. Era una mejor idea llevarla en la misma caja, pues al fin y al cabo no podía escapar porque no se podía mover.

—Mamá, nos vamos —el joven esperaba a que alguien abriera la puerta para poder salir con la felina.

De momento, escucharon el ruido de los pasos de Tomás en las escaleras exteriores. A los chicos se les aceleró el corazón. Todos se miraron, incluyendo a Betty. Los pasos del temeroso padre cesaron, abrió la puerta y se encontró a Tomy sosteniendo la caja donde se encontraba el cuerpo casi paralizado de la gatita.

—¿Se la van a llevar en la caja? ¿No se escapa? —preguntó el padre extrañado.

Los chicos se miraron más extrañados que el mismo padre, al ser testigos del interés mostrado. Nunca lograban entender su actitud. Eran cambios tan drásticos de parecer, que podían esperar cualquier cosa. Nada era consistente y definitivo en ese hogar. De momento pensaron que mostró interés y cortesía porque Ana se encontraba presente, y no quería dañar su imagen de padre ejemplar frente a la muchacha. Sin embargo, Ana ya sabía cómo era Tomás, y él tenía que saber que los chicos le contaban todas sus malas acciones. ¿Intentaba desmentir cualquier imagen negativa que Ana pudiera tener de él? Nunca se sabía.

—No se mueve. No puede irse —respondió Tomy sin mirarlo a los ojos.

—¿Sobrevivirá o habrá que sacrificarla? —Tomy intentó no contestar de mala manera a la pregunta inapropiada, pero Danita intervino.

—Seguramente el doctor logrará hacerla caminar y será una gatita feliz y saludable —le retuvo la mirada a su padre.

—¿Y se van a quedar con ella? —los chicos se miraron ante la pregunta del padre.

—Se ve que es una gatita muy buena —añadió Betty con la voz suave y medio cortada.

—Si se salva, llévenla a esterilizar —siguió su camino hasta el cuarto mientras Betty le servía, casi de manera artesanal, la comida.

***

Los chicos conversaron durante todo el camino hasta llegar al veterinario sobre el futuro de la felina. No sabían si de verdad se iban a poder quedar con ella. Desconfiaban de la repentina bondad de Tomás. Tampoco estaban seguros sobre el verdadero estado de salud del animalito. Antes de llegar al consultorio, sus estómagos comenzaron a sonar. Compraron algo ligero para calmar el hambre hasta regresar a la casa y comer lo que Betty les había preparado.

—Bueno, ya llegamos. Espero que no tengamos que esperar tanto. Por cierto, necesitamos un nombre para la gatita —Tomy miró a Ana y a Danita esperando sugerencias.

—Se debe llamar *Milagros*, porque vive de milagro —a Ana y a Tomy les gustó la idea de Danita.

—Creo que terminaremos llamándola Mily —sugirió Tomy.

—Me gusta Mily —dijo Danita.

—A mí también —agregó Ana.

Los chicos permanecieron en el vehículo con la felina esperando a que les tocara pasar a la sala de examen. Mily permanecía tranquila en la cajita de cartón disfrutando las caricias de Dana en su frente. Se dormía cuando Danita la tocaba, y se despertaba cuando la dejaba de tocar.

—¡Quince! —la voz de una de las asistentes del veterinario silenció a la sala de espera y retumbó hasta el vehículo de Tomy.

—¡Es nuestro turno! ¡Vamos! —Tomy se aceleró y le pidió a Danita que le entregara a Mily.

La voz de la asistente repitiendo el número *quince* los presionaba. Sentía que, si no se presentaban ante ella en los próximos segundos, perderían el turno. Ana se adelantó.

—¡Aquí estamos! ¡Somos nosotros! —gritaba desde que salió del carro moviendo sus manos para anunciar que se encontraban presentes. Hizo reír a toda la sala, pero no a la asistente—. Muy simpática —pensó con sarcasmo.

Danita siguió a Ana hacia el cuarto de examen y luego Tomy, con Mily dentro de la cajita. La asistente desapareció y en poco tiempo entró otra asistente muy diferente. Tenía cabello rubio brillante, unos zapatos de tacón alto, y les regaló a los chicos una sonrisa que los tranquilizó. Les preguntó la razón por la cual los estaban visitando, y acarició a Mily.

—Enseguida el doctor estará con ustedes. Todo va a salir bien —las palabras de la asistente aliviaron a los chicos.

El doctor se acercó a los jóvenes con una sonrisa y los saludó. Luego les preguntó lo que había sucedido con Mily. Le agradó la idea del nombre.

—La encontré tirada en un estacionamiento de un supermercado —la asistente suspiró frustrada.

—¿En un estacionamiento? Es indignante que en un lugar donde se supone que los vehículos no alcancen alta velocidad, atropellen a un gato, y encima de eso, lo dejen tirado. Gracias por rescatarla y ayudarla. Eres un héroe —Tomy sonrió modestamente ante las palabras de la asistente.

—Hay personas que se detienen y otras que no. Tuvo suerte de que llegaras allí. ¿Había más personas en el estacionamiento? —preguntó el doctor.

—Sí. Ella no se podía mover. Intentaba, pero no podía. La miraban, seguían su camino sin darle importancia. Cuando la metí en la cajita para llevármela, unas personas se rieron de mí, pero no hice caso. Estaba nervioso por ella y necesitaba llevarla a casa. Ni se me ocurrió preguntar lo que sucedió —intentaba hablar sin que se le quebrara la voz.

—Hiciste bien y te felicito por eso. La verdad es que sí está viva de milagro. Tiene las dos patas traseras rotas, la columna vertebral fracturada y una contusión en la cabeza —los chicos sintieron que se les apretó el pecho—. Las buenas noticias son que se va a salvar y si siguen mis instrucciones, va a volver a caminar —las sonrisas de los tres iluminaron el cuarto. ¿Tiene apetito? —el doctor preparaba una inyección.

—Sí. Está comiendo muy bien —contestó Tomy.

—Mientras tenga apetito, hay esperanza. Es muy importante que coma y beba agua. Si no quiere comer, tienen que llamarme enseguida —con la ayuda de la asistente inyectó a Mily—. Es una gatita muy buena. ¿Te vas a quedar con ella?

—Sí. La queremos adoptar —contestó Tomy mientras se fijaba en la sonrisa de Danita.

—Es una recuperación muy sacrificada. Lo digo porque sé que ustedes son estudiantes universitarios y tienen el tiempo comprometido. Tiene que permanecer en un lugar pequeño para restringir su movimiento. Tienen que asearla todos los días porque ella misma no lo va a poder hacer. Hasta que vuelva a caminar, hará sus necesidades acostada y se va a ensuciar. La tienen que limpiar cada vez. ¿Están dispuestos a hacer todo esto? —preguntó el doctor.

—Sí —contestaron todos.

—Bien. Le van a dar estas pastillas todos los días. También tienen que darle este líquido cada doce horas por diez días. Y estas otras pastillas por cinco días. Quiero verla en dos semanas. Si desmejora, vienen inmediatamente —los chicos atendían al doctor mientras la asistente preparaba y empacaba los medicamentos.

—Muchas gracias, doctor —dijo Tomy estrechando la mano del buen hombre.

—Gracias a ustedes por ayudar a este animalito —abrió la puerta, sonrió y desapareció.

La asistente volvió a repetir las instrucciones del doctor a los chicos y les entregó las medicinas. Al salir, iluminaron la sala de espera con el brillo de sus ojos. Escuchaban a las personas susurrar sobre Mily.

—Seguramente un perro la atacó —dijo una señora que cargaba un chihuahua.

—A mí me parece que fue atropellada, porque no se puede mover —añadió un joven que se encontraba a su lado acariciando la cabeza de su gran danés.

—Alguien pudo caerle a patadas. Yo tenía un tío que odiaba a los gatos y los pateaba —dijo un señor que tenía una jaula llena de gatitos pequeños.

—¡Eso es maltrato! —comentó la señora del chihuahua.

—Así mismo es, señora. Mi tío era una persona muy mala.

—¿Era? —preguntó el chico del gran danés.

—Sí, era. Murió de una enfermedad que lo dejó en cama por años. Fue una muerte lenta y dolorosa —dijo el señor.

—Pues se lo merecía por desgraciado —dijo Ana, quien todavía no acababa de cruzar la sala.

Todos miraron en dirección a los tres jóvenes cuando escucharon el comentario de Ana. Tomy y Danita casi corren para salir de allí. Ana notó que había pensado en voz alta y se detuvo a hablarle al sobrino del difunto abusador de gatos.

—Disculpe. Digo, no es que la gente merezca morir lentamente, pero parece que su tío era muy malvado —Danita y Tomy se detuvieron a esperar a Ana.

—Todos decíamos que pagaba sus crímenes en esa cama. No tienes que disculparte, jovencita. Ahora yo me dedico a salvar a todos los animalitos abandonados que se cruzan por mi camino. Por cada gatito que él maltrató, yo salvo a muchos más.

—Pues lo felicito, señor. ¡Adiós! —Ana salió corriendo sin notar que dejó la sala de espera revoloteada.

Los chicos estaban felices de saber que Milagros se iba a recuperar. Ella no maullaba ni se quejaba. Parecía que el amor que estaba recibiendo disipaba el dolor que debería estar sintiendo. Estaba segura de saber que por fin iba a tener una casa, y que viviría muchos años entre personas que la iban a consentir. Tomy y Dana se preocupaban por el posible cambio de opinión de Tomás. Sin embargo, Mily prefería pensar que todo iba a estar bien. Sus respiraciones indicaban que se encontraba en paz. No le importaba que fuera ignorada por tantas personas que la vieron agonizando. Se sentía feliz porque un joven la ayudó y ahora iba a tener más de lo que hubiese soñado.

BOLITO Y MILAGROS

Pasaron unos días desde que Milagros estuvo en el veterinario. Los chicos usaron la casita de madera que pertenecía a Spongy para mantenerla dentro de un espacio restringido. La pequeña estructura de madera se convirtió en el aposento de recuperación de Milagros. Tenía ventanas, puertas y la mitad del piso de rejilla. La felina se la pasaba el día acostada observando a los mininos por la rejilla de la puerta. Norberto y Bolito la visitaban todo el tiempo. Los demás estaban concentrados en sus actividades de rutina.

Una tarde, luego de la universidad, Tomy y Danita sacaron a Milagros de la casita para darle el acostumbrado baño. El joven le había comprado un champú para matar y ahuyentar las pulgas. El baño no resultaba difícil. Mily ya se había adaptado. Convirtieron la pluma que se encontraba cerca de la jardinera en la ducha de la hermosa felina. Durante el primer baño maulló de incomodidad cuando sintió que el agua tocó su cuerpo, pero le gustó cuando los hermanos la enjabonaban y enjuagaban. Norberto y Bolito siempre la observaban desde lejos.

—Son tan dedicados. Tienen mucho que estudiar y, sin embargo, nunca fallan en el cuidado para nuestra querida Milagros —dijo Bolito a Norberto.

—A mí me da mucho miedo el agua. Ella es muy valiente —comentó Norberto, que se encontraba casi inerte observando el chorrito de agua que enjuagaba a Mily.

—Ella y mis queridos niños también son valientes —Bolito contemplaba los rostros de Dana y Tomy.

Dana y Tomy terminaron de bañar a Milagros. Las gotitas de agua se deslizaban por sus largos y blancos bigotes. Se veía bien delgada cuando el agua mojaba su pelaje. La envolvieron en una toalla para que absorbiera el agua. Luego, Tomy la sostuvo y Danita, con la ayuda de una secadora de cabello, terminó de secarla. Esa era la rutina de todos los días cada vez que Milagros se ensuciaba. Tomy la metió a la casita y Dana entró a la cocina a servirle su comida. De regreso, se encontró con una sorpresa.

—Se volvió a ensuciar, la pobre —dijo Tomy.

—No puede comer así. Tenemos que bañarla otra vez. Voy por el champú y otra toalla —Danita colocó el platito con la comida en el techo de la casita.

—Ay pequeñita, no importa. Si te tenemos que bañar mil veces en un día, lo vamos a hacer porque te amamos tanto —Tomy le acariciaba la cabeza a la felina ignorando el olor fuerte de sus heces.

Bolito miraba desde la distancia todo lo que estaba sucediendo. Norberto acompañó a Danita para aprovechar la entrada a la casa cuando abriera la puerta. Pidió que le abriera la puerta de su recámara para reunirse con su hermana. Por otro lado, Tomy necesitaba utilizar el baño, y Danita se estaba tardando.

—Mily, regreso enseguida para lavarte —se fue tan rápido que olvidó que dejó la puerta de la casita abierta.

El joven utilizó el baño lo más rápido que pudo, y de regreso se encontró a Danita, que cargaba una toalla seca, un champú y la secadora de cabello.

—¿Te encuentras bien? —preguntó Danita.

—Sí. Es que tuve que ir al baño, pero no quería tardarme mucho porque la dejé en la casita y se debe sentir incómoda toda sucia —tomó la secadora para ayudar a su hermana.

Los chicos caminaban rápido para que Milagros no estuviese sucia por más tiempo. A la distancia, Danita notó la puerta de la casita abierta. Se miraron a los ojos, lanzaron al aire el champú, la toalla y la secadora, y corrieron para asegurarse de que Milagros seguía dentro. No pudieron contener las lágrimas con la escena que presenciaron.

—Bolito... —el felino miró a Tomy al escuchar que su voz pronunciaba su nombre con asombro.

—Está completamente limpia. Ya no tenemos que bañarla, Tomy. Bolito lo hizo —los hermanos se miraron y sonrieron.

Desde ese día los jóvenes no tuvieron que bañar más a

Milagros. Bolito lo hacía todo el tiempo. Cuando estaban en la universidad, Betty abría la puerta de la casita de madera para que Bolito entrara y aseara a la felina. Esta conducta de Bolito, de cuidar a otros felinos era natural para él, pero no dejaba de sorprender a los humanos. La aseaba como si fuese una madre con su cría. No se despegaba de ella, la protegía. Un día Tomás se acercó a la casita y fue testigo del acto de amor. Betty lo atrapó contemplando a los felinos.

—Increíble —dijo Tomás.

—No es increíble. Así son los animales. Por algo fueron creados primero que nosotros —Tomás asintió luego de escuchar a Betty y se marchó.

Bolito aseó a Milagros hasta que ella ya podía hacerlo sola. Con su ayuda, los chicos tenían más tiempo para estudiar. La recuperación de la felina le hacía justicia a su nombre. En dos semanas ya se podía parar en sus cuatro patas. El doctor estaba satisfecho y feliz con los resultados. En un mes corría y se subía a todos lados. Todos, incluyendo a Tomás, estaban felices de verla saludable. Se convirtió en la mejor amiga de Bolito. Danita y Tomy se la pasaban tomando fotos de los mininos juntos. Se sentaban en el borde del balcón a lamerse. El paisaje de fondo invitaba a querer capturar la imagen.

—Son inseparables —Betty observaba a los mininos desde la cocina—. Quiero ver las fotos cuando acaben —los chicos terminaron y se dirigieron a la cocina a enseñarle las fotos a su madre.

—Se ven felices. Espero que a ya sabes quién no se le ocurra intentar separarlos —dijo Tomy mirando a su madre a los ojos.

—Eso no va a suceder. Creo que ya aprendió la lección. Y si se atreve a intentarlo, yo no se lo voy a permitir, ni ustedes tampoco —los jóvenes se tranquilizaron ante las palabras de su madre.

Tomás nunca intentó que Milagros se fuera de la casa. No se sabe por qué. Tal vez el notar la cercanía de Bolito con ella, era suficiente para aceptar la presencia del animalito. No solamente la aceptaba, sino que le había tomado mucho cariño, al igual que a

Bolito. Cuando almorzaba en el balcón, Mily se paseaba disimuladamente para ver si podía convencer a Tomás de que le regalara un poco de su carne. El ministro compartía con ella, y a veces dejaba que comiera de su mismo plato mientras Betty lo regañaba porque consideraba que era un comportamiento antihigiénico.

—Tomás, no dejes que coma la carne de tu plato. Los gatos se pasan la lengua por todos lados —Tomás se reía ante la preocupación histérica de Betty.

Mily se convirtió en una consentida más de la casa. Le tenían un cariño especial por todo el sufrimiento que pasó cuando fue atropellada. Jamás iban a olvidar ese momento, porque a pesar de que se recuperó y volvió a caminar, cojeaba un poco. Su patita coja llamaba la atención de las personas que visitaban el hogar y preguntaban lo que le había sucedido. La respuesta se convertía en la larga historia del rescate de la felina, y la razón del origen de su nombre. Era una gata muy simpática. Tenía siempre muestras de afecto para las visitas. Era imposible no amarla.

LA PARTIDA DE TOMY

Cuando Tomy terminó sus estudios, le ofrecieron un trabajo que quedaba lejos de su casa. Así que se tuvo que mudar. Le encargó a Danita que vigilara bien a los mininos. Siempre temía que Tomás cambiara de opinión y los echara de la casa. El día que Tomy partió a su nuevo hogar, Bolito estuvo toda la tarde sentado en su lugar especial, mirando hacia el horizonte.

—Lleva mucho tiempo ahí sentado. ¿Qué le sucede? —preguntó Norberto a su hermana Soky y a Milagros, que observaban al inerte minino desde el balcón del segundo nivel de la casa.

—Extraña a Tomy —la voz de Spongy sobresaltó los pequeños cuerpos de los felinos.

—Yo también lo extraño —comentó Norberto.

—Todos lo extrañamos, pero es evidente que a Bolito le ha afectado más que a nosotros —comentó Soky.

Betty, que también extrañaba a Tomy, aceptaba que su tristeza no podía competir con la de Bolito. Salió al balcón a regar las plantas que colgaban del techo, y no pudo ignorar a los mininos reunidos observando al triste gato en su lugarcito, pensativo y quieto. Bajó las escaleras, caminó por el verde pasto y se acercó a él. El minino la saludó con su peculiar maullido, pero no con la misma intensidad y emoción de siempre. Betty acarició la cabeza del felino. Se detuvo a observar la oreja herida, y deslizó suavemente su mano por el espinazo hasta la punta de la cola. Esto le provocó una agradable sensación y logró que maullara con más ánimo. Luego suspiró y continuó mirando hacia el horizonte, como si se le hubiese extinguido la pequeña llama de alegría que le regaló Betty.

Danita se encontraba en su habitación pensando en cómo iba a sobrevivir sin su otra mitad. Sabía que lo vería algunos fines de semana, cuando pudiera visitarlos, pero eso no era suficiente. Tenía su cabeza metida en su almohada para que le absorbiera las lágrimas. Las limpió cuando escuchó unos golpecitos en la puerta de la recámara. No quería que nadie supiera que estaba muy triste por la ausencia de su hermano.

—Danita, ¿estás dormida? —Betty abrió la puerta poco a poco.

—No, estoy recostada. Pasa —se sentó en la cama procurando tener bastante de su cabello negro y largo en el rostro para no evidenciar que lloraba.

—Bolito está muy triste. Me preocupa que se vaya a enfermar. Maulló bien desanimado cuando me acerqué a él —Danita se levantó muy rápido al escuchar las palabras de su madre.

—¿Está sentado en su pequeña colina? —preguntó mientras se ataba los cordones de sus zapatos.

—Sí, lleva mucho rato ahí. Yo lo acaricié y le gustó, pero luego se quedó triste de nuevo —los ojos de Betty se humedecían mientras le hablaba a su hija.

—Voy a sentarme con él a acompañarlo. A lo mejor disminuyo un poco su tristeza. Pobrecito —salió de su habitación seguida por su madre.

Danita bajó las escaleras como si la estuviesen persiguiendo. Sentía que debía proteger a los mininos de cualquier peligro. Temía que Bolito se deprimiera y luego enfermara. Estaba claro que tenía un vínculo especial con Tomy, y si su ausencia lo afectaba tanto como a ella, lo correcto era que se animaran mutuamente.

Cruzó el verde y húmedo pasto acariciado por la tenue luz del atardecer. Estaban rodeados de un ambiente hermoso, pero al mismo tiempo triste. Dana se sentó abrazando sus rodillas al lado del minino. Le tocó la frente con su dedo índice, provocando que cerrara los ojos y levantara su cabecita. Abrió sus hermosos ojos al mismo tiempo que cesó la caricia.

—Yo también lo extraño. ¿Sabes? Él es muy importante para mí. Desde muy pequeños me ha cuidado, tal y como lo ha hecho contigo. Siento que además de que se fue mi hermano, también se fue mi padre. Es increíble verlo de esta manera cuando solamente me lleva de ventaja dos años y nueve meses. Yo siento que es veinte años mayor que yo. Tan maduro y consciente. Tan generoso y bueno. ¡Claro que debemos estar tristes! Ya no lo vamos a ver todos los días. Sin embargo, él me dijo que tenía que cuidarlos a todos. Tengo que estar pendiente de ti. Vamos a intentar sonreír para que cuando Tomy nos visite, no se angustie. ¿Qué te parece? —Bolito maulló y acarició las piernas de Danita con su cabeza y su nariz. De repente se vieron rodeados por todos los mininos de la casa, incluyendo a Spongy, que no lamentó el esfuerzo de levantarse del sillón de madera y bajar las escaleras para llegar a animar a Danita y a Bolito. Betty observaba desde el balcón, emocionada por la solidaridad entre los felinos, y por las palabras de Danita hacia Bolito. Sintió incomodidad cuando su hija mencionó que su hermano era como un padre. A pesar de lo injusto que podía ser Tomás, Betty lo adoraba y deseaba que sus hijos lo adoraran de la misma forma. No podía aceptar que los hermanos sintieran rencor hacia su padre. Siempre les repetía que pesar de todo, Tomás no dejaba de ser el padre de ellos. Se fue a la cocina a tratar de no pensar demasiado. Mientras tanto, Danita acarició a todos los mininos por un largo rato. Se levantó y todos, incluyendo a Bolito, la siguieron al balcón.

—Voy a entrar a la casa para cenar, pero antes les voy a dar de comer a todos —Betty la observaba intentando hablarle.

—Ya la comida está lista. ¿Vas a comer? —preguntó la madre de la joven.

—Sí, pero quiero alimentar primero a los mininos para que no me observen mi comida. ¡Me miran con unas caras que me rompen el corazón! —rellenó los platitos de cada gatito con granitos de comida seca, y luego se fue a la cocina. Betty la observaba.

—¿Estás bien? —preguntó Danita a su madre.

—Sí, pero es que escuché algo que me puso un poco triste. Yo sé que tu papá es un poco difícil, pero no deja de ser tu papá. Decir que tu hermano es como tu padre no está bien —Dana intentó no encolerizarse.

—Mamá, no puedo cambiar lo que siento. Sabes que Tomy ha estado conmigo siempre. No puedo decir algo que no es cierto. No es nada malo que piense así —Betty suspiró ante las palabras de su hija.

—Que tu padre nunca se entere de esto —subió el tono de voz.

—Si no se lo dices, no se va a enterar —terminó de servir la comida y se fue a la mesa.

—Hay que reconocer que dejó que Mily se quedara en la casa. Esta vez no hizo nada —Dana tragó un enorme bocado.

—Lo reconozco, pero eso no cambia que haya abandonado tres veces al pobre de Bolito, y que haya llevado a Pinti a una perrera. Si no hubiésemos tenido suerte, la pobre estaría muerta. No puedo confiar en él. No se lo ha ganado. Lo siento si te hiere que considere a mi hermano como mi padre, pero a mí me parece algo muy hermoso. No todos los hermanos se llevan bien. Deberías sentir felicidad por esto —escucharon el sonido del vehículo de Tomás y Betty se tornó nerviosa.

—Ya cambiemos el tema, que llegó tu padre —servía la comida de Tomás mientras Danita comía.

Betty olvidó pronto el comentario de Dana y no volvieron a hablar sobre ello.

Los fines de semana que Tomy visitaba eran motivo de emoción para Danita, Betty y los mininos. Llegaba los viernes temprano en la noche y partía los domingos en la tarde. Los viernes eran emocionantes, pero los domingos eran tristes. Se fueron acostumbrando. Cuando pasó el primer año, se convirtió en una rutina, aunque Danita y Bolito lo seguían extrañando como desde el primer día que partió.

SPONGY

Una mañana que rellenaron los platitos de los mininos, Bolito notó que Spongy no comía con el mismo entusiasmo de siempre. Se veía cansado. Siempre había sido un gatito perezoso, pero lo notaba diferente. Cuando se echaba la comida a la boca, la escupía y se alejaba inmerso en frustración. Inmediatamente bebía mucha agua y se subía a su mueble preferido a dormir. Sin esperar a que cayera en el más profundo sueño, Bolito se acercó al regordete minino para preguntarle si se sentía mal.

—¿Te duele algo? ¿Por qué escupes la comida?

—Me duele mucho mi boca. No puedo masticar. Quiero comer porque tengo hambre, pero me molesta. Además, siento que algo crece en mi cara —Bolito se acercó para observarlo.

—No puedo ver nada. ¿Me dejas lamer tu cara para ver si tienes algo? Es que con todo ese pelo es imposible ver.

—Está bien, pero hazlo suave porque me duele mucho. Es en la derecha de mi cara —cerró los ojos esperando a que Bolito se acercara.

—Voy a sentir tu izquierda y luego tu derecha para saber si hay alguna diferencia.

Bolito pasó su áspera lengua de la manera más delicada posible por la parte izquierda del rostro de Spongy. Notó todo normal. Cuando tocó la parte derecha, se alejó rápidamente por el grito de dolor de su amigo y por la gran diferencia entre las dos partes.

—Perdón. Traté de no ser tan brusco —esperó a que Spongy se repusiera.

—Está bien. Es que me molesta mucho —hiperventilaba.

—Tienes que hacer que lo noten. Tu pelaje largo hace que no se vea nada. Debes quejarte hasta que te escuchen. Así te llevarán al veterinario —Spongy se sobresaltó al escuchar la palabra veterinario.

—No sé cómo lograrlo. Me siento tan débil —suspiró y cerró los ojos.

—Estás débil porque no estás alimentándote. Vamos, párate frente al plato de comida y empieza a quejarte como lo hiciste cuando te lamí. Así te van a escuchar y a revisar —Spongy se bajó del asiento de madera, casi sin ganas.

Bolito acompañó a su amigo hasta el plato de comida. El pobrecito no tenía ánimo ni para inclinar la cabeza. Así que comenzó a maullar con todas sus fuerzas para que lo escucharan. Como Bolito sintió que estaba pasando trabajo, le hizo coro para ayudarlo. Era imposible no escucharlos. Betty era la única que se encontraba en la casa. Al escuchar a los gatitos maullar tan fuerte, subió las escaleras de la casa corriendo, pensando que se trataba de una pelea y que se estaban lastimando.

—¿Qué sucede? ¿Por qué pelean? —le pareció extraño encontrar a los mininos callados y tranquilos, luego de tanto escándalo—. ¿No estaban peleando? —Spongy comenzó a quejarse frente a Betty e intentaba comer sin lograrlo.

Betty se agachó para acariciar a los mininos. Miraba a Bolito como intentando encontrar una respuesta. Spongy se quedó con la cabeza agachada en el platito de comida, y luego bebió agua. Betty le acarició la cabeza y deslizó su mano por el lado derecho del rostro, sintiendo el gran bulto que tanto le molestaba. El maullido de dolor penetró el pecho de la mujer. Su corazón comenzó a latir con rapidez, pues sabía que algo andaba muy mal. Spongy era el gato preferido de Tomás y, por lo tanto, el de ella también.

—¿Qué es eso que tienes? ¿Un insecto te picó? Sí, tal vez te picó una abeja o una hormiga. Pobrecito. Tienes que ir al veterinario. Estás inflamado, pero como eres tan peludo ni se te nota —se fue a preparar el almuerzo con los ojos húmedos, porque temía que no se tratara de una simple picada.

Bolito acompañó al adolorido minino hasta su mueble preferido. Se acostó junto a él para vigilar su sueño. Betty los vio desde la ventana, y aunque todos estaban acostumbrados a este comportamiento protector por parte de Bolito, no dejó de conmoverse. También notó que el buen felino no había consumido la comida de su plato. No dudaba que se tratara de un acto de solidaridad porque su amigo no podía comer. Luego se acercó Milagros emitiendo un maullido que a duras penas se escuchaba; solo se hacía evidente por el movimiento de su boca. Bolito respondió con otro maullido. Betty los observaba mientras cortaba el repollo para la ensalada.

—Dios mío, si parece que están hablando —se colocó la mano en el pecho cuando vio a Mily acariciar la cabeza de Spongy con su nariz.

Estaba tan distraída con los felinos que no notó que ya había terminado de cortar el repollo y estaba haciendo picadillo de puro aire. El trance fue interrumpido por el sonido del teléfono. Cuando lo contestó, se trataba de la entusiasmada voz de Tomy.

—Mamá, ¿qué vas a cocinar? —Betty sonrió extrañada.

—Qué gracioso eres. Ya estoy cocinando. Estoy preparando pasta con vegetales, plátanos asados y ensalada de repollo. ¿Por qué preguntas? —le causó risa que Tomy la llamara en horas de trabajo para hacerle esa pregunta.

—Hoy no tuve que trabajar, y en quince minutos ya estaré en la casa —Betty solo pensaba que debía contarle lo que le sucedía a Spongy.

—¡Qué bueno, mi amor! Danita va a salir tarde hoy porque tiene un examen. Se va a poner feliz cuando sepa que ya estás aquí.

—Sí, por eso no le dije que iba a llegar temprano, para no desconcentrarla.

—Tomy, Spongy se estaba quejando temprano y no ha podido comer. Cuando lo revisé, tenía la parte derecha de la cara inflamada. Le duele mucho. No se le nota a simple vista porque es tan peludo. Si no se quejaba, no iba a notar que tiene esa inflamación.

—¿Cómo? Le habrá picado un insecto y se le infectó. ¿Lo notas desanimado?

—Está bien triste. No quiere comer y se la ha pasado dormido. Bolito lo ha cuidado todo el tiempo.

—Mi Bolito, tan bueno —Betty lo interrumpió.

—Hay que llevarlo al veterinario porque me da miedo que tenga una infección y se vaya a morir.

—No te preocupes. Lo llevaré hoy mismo. ¡Qué bueno que no tuve que trabajar hoy! —Betty lo volvió a interrumpir.

—No te puedes ir sin comer.

—Comeré primero y luego me lo llevo al hospital. Te veo pronto —Betty colgó el teléfono y corrió a la cocina para terminar la ensalada.

Tomy llegó a la casa, subió las escaleras y corrió hasta el mueble donde se encontraba Spongy. Retiró suavemente el pelaje del minino para ver si podía localizar la inflamación de la cual Betty le habló. Al sentirla, Spongy se quejó sin ánimo. Bolito se acercó a maullarle a Tomy, como si quisiera confirmar el dolor de su regordete amigo. El joven sintió un apretón en el pecho cuando notó el tamaño de ese bulto que tenía el gatito en su cara. Betty se acercó al balcón a esperar lo que tenía que decir su hijo. Tomy, todavía agachado frente al adolorido felino, volteó la cabeza y miró hacia arriba para ver a su madre.

—Esto es enorme. No se le nota a simple vista por la cantidad de pelo que tiene en la cara, pero no se ve bien. Me preocupa. Voy a comer rápido para llevarlo al veterinario. Se siente muy mal —Betty ya había servido la comida de su hijo.

—Ya está servido el almuerzo. Come mientras yo preparo la jaulita para que te lo lleves —se fue al pasillo y tomó una toalla para colocarla en la jaula.

Tomy comió como si se tratara del fin del mundo. Estaba desesperado por llegar al veterinario con Spongy. El tamaño de ese bulto en su carita le causaba mucha preocupación. Además, no dejaba de pensar en el tiempo que debió haber estado pasando dolor sin nadie notarlo.

Bolito se encontraba frente a una de las ventanas del balcón que daban acceso al comedor, mirando a su Tomy comer. Lo extrañaba y el no poder pasar tiempo con él, debido a las circunstancias, le causaba un poco de tristeza. Spongy notó esto.

—Lo siento. Creo que hoy me he robado la atención de nuestro querido Tomy —Bolito se dio la vuelta para atender a su amigo.

—No te disculpes. Mereces que todos estemos cuidándote. Nada más lo extrañaba mucho y me gusta mirarlo cuando come. Siempre ha comido como si alguien le fuese a robar la comida, igual que yo cuando llegué por primera vez a esta casa. ¿Recuerdas? —Spongy cerró los ojos por unos segundos y luego los abrió para responder a su amigo.

—No, no lo recuerdo. Probablemente dormía —Bolito sintió deseos de reír por la respuesta de Spongy.

Tomy terminó de comer y se dirigió a la cocina para lavar los platos. Betty se acercó con la jaula preparada y detuvo a su hijo.

—Deja eso, hijo. Yo me ocupo. Ya tienes la jaula preparada para que transportes al gatito. Llámame cuando lo atiendan, por favor —Tomy asintió y besó a su madre.

El felino durmió durante todo el camino. Esto no era un comportamiento extraño. Se la pasaba durmiendo y apenas maullaba. Si no hubiese sido por Bolito, nadie se enteraba de que estaba enfermo. Él nunca se iba a quejar. Además, su maullido tampoco era tan fuerte. Danita y Tomy decían que no maullaba fuerte porque su gordura no se lo permitía. Intentaron ponerle a dieta, y a Bolito también. No funcionó. Se rehusaban a comer la comida de dieta. Norberto y Mily no tenían problema en comerla y cambiaban sus platos de comida regular por la comida de dieta. Cuando Tomy notó lo que sucedía, optó por retirarle la dieta a los mininos.

—Ya estamos llegando, gordito. Te van a revisar y te van a curar para que puedas comer toda la comida que quieras. Pobrecito, con lo mucho que te gusta comer, debes estar sufriendo tanto —estacionó el vehículo y lo apagó.

Tomy sintió un gran alivio al ver la sala de espera con pocas personas. Era temprano y el veterinario todavía no había llegado. Estuvo toda la mañana esterilizando perros y gatos. Todavía no comenzaba su jornada de la tarde. El joven escribió su nombre en la lista, haciendo el número siete.

—Mi número preferido —pensó.

—¿Qué tienes en esa jaula? ¿Un gatito? —le preguntó una señora que se encontraba sentada junto a su hijo, que jugaba con un perro chihuahua.

—Sí —contestó Tomy ofreciéndole una media sonrisa a la señora.

—¿Está enfermito? —la señora se agachó para acercar su cara a la rejilla de la puerta de la jaula.

—Sí, tiene un lado de la cara inflamado y lo traje para que lo revisen —Tomy notó que el hijo de la señora olvidó al chihuahua para acercarse a la jaula a ver a Spongy.

—Parece una picada de abeja —la señora escuchó al chihuahua ladrar.

—Señora, su perrito se escapó —dijo Tomy, esperando a que ambos se ocuparan del perro y no hostigaran más al pobre gato.

Tomy salió de la sala y se metió en su carro a esperar a que llegara el veterinario. El lugar se fue llenando con rapidez. Parecía como si la presencia de Tomy hubiese activado el momento de que los clientes entraran. La señora del perrito esperaba con su hijo por el turno y de vez en cuando se volteaba para ver a Tomy por una de las ventanas de la sala de espera, como si quisiera descifrar el por qué Tomy esperaba en el carro y no en la sala. La verdad era que Tomy sabía que Spongy era muy nervioso y no quería disgustarlo con una sala llena de animales humanos y no humanos.

El doctor llegó y empezaron a salir los clientes con sus mascotas ya tratadas o vacunadas. Cuando llamaron al número seis, que pertenecía a la señora con el chihuahua y el niño, Tomy sabía que tenía que prepararse porque pronto le tocaba a Spongy el turno. Se bajó del carro y se sentó en la silla que ocupaba la señora.

—Sie... —Tomy se levantó antes de que la asistente pronunciara el número completo—. ¿Cómo estás? ¡Pasa! —Tomy le sonrió a la asistente, que lo reconoció.

—Traigo a un gatito con un lado de la cara inflamado —el joven colocó la jaula en la mesa de acero inoxidable.

—Vamos a sacarlo de la jaula para pesarlo —Tomy ayudó a la asistente a levantar a Spongy—. ¡Guao! ¡Quince libras! Estás gordito y precioso —Tomy sonrió.

—Hoy no comió. Parece que le duele mucho y por eso no puede comer.

—¿Qué lado está inflamado? —preguntó la rubia asistente, acercando su rostro a la cara del minino.

—Es el derecho. Es que no se le nota. Mi mamá se lo notó porque se estaba quejando y lo tocó.

—Entiendo. Es que es tan peludo. No lo voy a tocar porque no quiero estresarlo. Será mejor que lo verifique el doctor. Viene enseguida. ¡Me alegra verte! —la asistente le sonrió a Tomy y abandonó el cubículo acompañada del ritmo de sus tacones altos.

Los latidos del corazón de Tomy se aceleraban con el pasar del tiempo. Deseaba saber lo que sucedía con Spongy, pero al mismo tiempo sentía miedo. Sabía que en cuanto el doctor abriera la puerta del cubículo, se sentiría más ansioso, porque sabía que el momento de la verdad estaba cerca. No entendía el temor y la ansiedad. Era la primera vez que el minino enfermaba.

—¡Buenas tardes! ¿Cómo estás? —el doctor le extendió la mano a Tomy.

—Buenas tardes. Un poco preocupado —su voz estaba temblorosa.

—Me acaban de decir que el gatito tiene un lado de la cara inflamado. ¿El derecho? —Tomy asintió.

—Mi mamá me contó que no probó la comida y que se quejaba. Cuando lo verificó, le notó la inflamación.

—El problema del pelo largo es que cuando suceden estas cosas, tienden a notarse cuando es demasiado molesto para el animal. Voy a llamar a mi asistente para que me ayude a verificarlo —salió del cubículo.

Tomy sacó a Spongy de la jaulita para tenerlo listo para su examen físico. Mientras tanto le acariciaba la cabeza y el espinazo. Observaba su cara. El felino le retuvo la mirada, y cerraba los ojos poco a poco. Los abrió cuando escuchó los tacones de la asistente.

El doctor abrió la puerta y dejó que pasara primero su ayudante.

—Estela, vamos a afeitarle el lado inflamado para verlo mejor —el doctor cambió la mirada hacia Tomy—. Esto va a molestarle un poco, pero necesito ver lo que hay bajo todos esos pelos.

El gatito se estremeció cuando escuchó el ruido del aparato para afeitar el pelaje de su cara. El veterinario lo restringió mientras la asistente lo afeitaba. Spongy clavó la mirada en los grandes ojos negros de Tomy. El joven procuró no pestañear para acompañar a su amigo en el proceso. Estaban tan concentrados, que no sintieron el silencio cuando Estela terminó de afeitar. El doctor acercó su rostro al del minino. Se alejó y lo observó. Tuvo que palparlo un poco, y Spongy lanzó un pequeño chillido, casi imperceptible. Le dolía, pero no quería quejarse como ameritaba, porque sabía que Tomy se iba a asustar. Sentía su miedo y su ansiedad. El veterinario lanzó una mirada a su asistente y enseguida se dirigió a Tomy.

—Tenemos que llamar a un especialista —su mirada seguía clavada en la de Tomy—. Esto no es una picada. Es un tumor, y es muy probable que sea canceroso.

Tomy sintió un golpe directo en su estómago. El miedo invadía su cuerpo como una corriente que cambiaba de temperatura. Calentaba su cabeza, enfriaba sus piernas y su estómago. Colocó su mano con fuerza en la mesa de acero inoxidable para no desmayarse. De momento le pareció ver todo blanco. Sentía una cascada de un líquido congelado que brotaba de sus oídos. El doctor notó la palidez del joven y comenzó a hablarle.

—Es posible operarlo. Hay un cirujano en la isla que puede hacerlo —Tomy asintió al mismo tiempo que iba recuperando la compostura—. Estela, comunícame con el doctor Monge.

—El nombre del doctor es Esteban, ¿verdad? —preguntó Estela mientras buscaba en una gruesa libreta de teléfonos.

—Sí, somos tocayos —comentó con una sonrisa.

Estela se alejó y salió del cubículo para realizar la llamada. Tomy no pudo escuchar nada de lo que estaba hablando. Unos minutos después, el doctor entró al cubículo sosteniendo el teléfono inalámbrico de color gris y blanco, pero sin hablar. Le acarició la cabeza a Spongy, se le quedó mirando el rostro y se acercó un poco. Salió del cubículo, cerró la puerta y comenzó a conversar, pero Tomy no podía escuchar de forma clara. No estaba tranquilo ante tanta incertidumbre. Ya quería que el doctor le informara lo que iba a suceder con el minino. Se sentó, colocó sus codos sobre sus piernas y ambas manos en su frente. Intentaba descansar, porque se sentía abrumado, como si su mente hubiese sido agredida por cuatro exámenes en un mismo día. Cerró los ojos para intentar salir de aquel lugar que le asfixiaba, pero no lo logró. El veterinario abrió la puerta de golpe con ambas manos desocupadas. Ya no estaba hablando por teléfono. Tomy ya sabía que era el momento de escuchar lo que iba a suceder con Spongy.

—El doctor Monge lo quiere ver. Coincidimos en el diagnóstico con la descripción que le di. Estamos casi seguros de que se trata de un tumor canceroso. Hay que operarlo para poder salvarle la vida. ¿Estás dispuesto a hacerlo?

—Sí, lo que sea. No me importa lo que cueste.

—Es un veterinario especializado en cirugía. Es un trabajo complicado y suele ser costoso. No todo el mundo está dispuesto a pagarlo. Normalmente en estos casos, los dueños prefieren que se le practique la eutanasia al animalito —Tomy abrió los ojos más de lo normal—. Así es, pero muchas veces la cirugía no los puede salvar si ya el cáncer se ha esparcido por otros órganos.

—Entiendo. De todos modos, quiero que se intente todo lo que sea posible para salvarlo —le acarició la cabeza al minino, que casi estaba dormido.

—Claro. Lo más importante, por encima de todo, es que Spongy tenga una buena calidad de vida. No queremos que sufra. Conozco el trabajo del cirujano. Además de ser un buen profesional, es un buen ser humano. Hazle todas las preguntas que se te ocurran, para que así estés tranquilo. Te veo tenso y sé que es una situación fuerte, pero los animalitos sienten nuestras emociones. Mantén la calma y pídele a tus familiares que son cercanos al gatito que mantengan una atmósfera positiva. Eso ayuda —Tomy asintió—.

Tienes que llamar a este número —le entregó un papel a Tomy—, para que hables con el cirujano. Yo vengo enseguida. Voy a darte un medicamento para la inflamación y para el dolor. Así, al menos lo aliviamos hasta que visite al cirujano.

El doctor Rosa dejó a Tomy solo en el cubículo de examen para que pudiera comunicarse con el doctor Monge y obtener una cita para Spongy. El joven quería llamar a su hermana para contarle lo que estaba sucediendo, pero si lo hacía, la iba a condenar a tomar sus exámenes bajo estrés. Dejó de pensar y tomó su celular para marcar el número que le dio el doctor. Contestaron rápidamente.

—Clínica del doctor Monge. Le habla Marisol —una voz sutil y pacífica.

—Hola. Le habla Tomás. Llamo para obtener una cita para un gatito que tiene un tumor en su mandíbula.

—¿Spongy? —preguntó la secretaria.

—Sí.

—El doctor Rosa habló con el doctor Monge hace unos minutos. ¿Deseas hablar con él? —Tomy se sintió calmado ante el buen trato de Marisol.

—Claro. Si no es molestia —miró al felino.

—¡Hola! ¿Tomás? —Tomy sintió paz al escuchar la voz enérgica y simpática del doctor Monge.

—Sí, él le habla.

—Un placer, Tomás. El doctor Rosa me contó lo que sucede con Spongy. Parece ser un tumor, y por lo que él puede ver y me dice, pensamos que hay una alta posibilidad de que sea cáncer. De todas formas, hay que operarlo porque le molesta. Lo que vamos a hacer es retirar esa masa y la vamos a enviar a un laboratorio para que la analicen. Yo necesito verlo lo más pronto posible. Estoy en la oficina de lunes a viernes a partir de las ocho de la mañana. Entiendo que vives lejos. ¿Cuándo podrías transportarlo hasta acá para verlo?

—Puede ser el mismo lunes. Yo soy del oeste, pero trabajo y vivo en el área noreste de la isla —el doctor le interrumpió.

—¡Perfecto! Me preocupaba que fuese un problema el viaje.

Mientras más rápido lo vea, mejor. ¿En dónde trabajas? —preguntó el simpático médico.

—En PRTC, una compañía de ingeniería de transportación. Diseño puentes.

—¡Eres ingeniero civil! Tengo varios amigos que son ingenieros. Bueno, Tomás, te veré el lunes con Spongy. Espero que todo salga bien. El doctor Rosa te va a dar unas medicinas para aliviarle el dolor. Necesitamos que coma, pero si le duele, no lo va a hacer. Te recomiendo darle solamente comida blanda para que no se lastime. ¿Tienes alguna pregunta? —el doctor logró que Tomy se familiarizara con él.

—¿Lo va a operar de inmediato? —se le cortó un poco la voz.

—No. El lunes le vamos a realizar análisis de sangre. Esto se hace para saber si está apto para que se le realice una cirugía. Si todo está bien, lo hospitalizaremos. El martes lo estaría operando. Voy a reservarle el espacio. Luego de la cirugía se debe quedar unos días para observarlo y que se recupere antes de que te lo lleves a la casa.

—Bien. Bueno, entonces estaré a primera hora en su clínica.

—Te estaremos esperando. ¡Oh! Tengo una pregunta. ¿Qué edad tiene Spongy?

—Tiene diez años y siete meses —suspiró.

—Bien. Tomás, fue un placer. Espero conocerte en persona, al igual que a Spongy. Haré lo posible por ayudarlo. Gracias por quererlo tanto. Cuídate mucho. Hasta pronto.

—Hasta pronto, doctor —colgó el teléfono y suspiró mientras observaba al regordete y triste minino.

Tomy abrió la puerta del cubículo para avisarle al doctor Rosa que ya había hablado con el doctor Monge. No veía a nadie. Así que se sentó a esperar. Por su cabeza pasaban infinitos pensamientos. Imaginó la operación de Spongy con dos finales: en uno moría y en otro vivía. No sabía a lo que se estaba enfrentando. Era la primera vez que uno de los mininos enfermaba de esa manera. Sentía una mezcla de preocupación, tristeza, y esperanza dentro de su pecho. Por primera vez deseaba que el fin de semana pasara rápido.

—¿Todo está bien? —Tomy se sobresaltó al escuchar la voz del doctor Rosa, pues no escuchó cuando abrió la puerta.

—Sí, sí. Hablé con el doctor Monge para coordinar la cita. El lunes lo voy a llevar temprano para que le hagan unos análisis. Probablemente lo operan el martes.

—Viernes, sábado, domingo —repetía una y otra vez los días en voz baja—. Consulté con el doctor Monge las medicinas que le voy a dar. Son tres días. Queremos aliviar el dolor para que pueda comer. Es muy peligroso que un felino deje de comer. Todo va a salir bien. Recuerda: lo más importante es que Spongy tenga una buena calidad de vida —le estrechó la mano a Tomy—. Te dejo con Estela, que te va a preparar las medicinas. Hasta pronto. Fue un gusto volver a verte —sonrió y desapareció tras la puerta del cubículo.

Estela le entregó los medicamentos a Tomy y le dio las instrucciones. Spongy estaba dormido. Tomy cargó la jaula con cuidado para no despertarlo. Durante todo el camino el joven le hablaba, y el minino no dejaba de mirarlo. De vez en cuando cerraba los ojos, pero no para dormir. Un pestañeo sutil que indicaba cansancio, debilidad o tal vez dolor.

—Vas a estar bien. Te voy a dar la medicina para el dolor y vas a comer comidita blanda todo el tiempo. Esa te gusta mucho. Vamos a tener que encerrarte en el baño para que comas, porque si los otros gatitos se enteran, todos van a rechazar la comida seca —le regaló una sonrisa seguida de varias lágrimas.

Cuando Tomy se acercó en su automóvil a la entrada de su casa, Danita y Betty bajaron las escaleras y los recibieron. Necesitaban saber lo que sucedió en el consultorio del doctor Rosa. El joven tomó la jaulita en sus manos y les rompió el corazón a su madre y a su hermana con sus ojos empapados. Danita y Betty se contagiaron con la tristeza. Tomy subió las escaleras y le abrió la puerta de la jaula al felino para liberarlo. Lentamente y estirando su regordete cuerpo, fue saliendo. Bolito se acercó a saludarlo, seguido de Mily, Soky y Norberto. Tomy se sentó en el piso del balcón para acariciar a Bolito y pedirle disculpas por no haberle podido dar la acostumbrada atención. Betty y Danita se metieron a la casa y se quedaron en la cocina a la espera de las noticias. Tomy se levantó y caminó hasta la cocina con la mirada en el suelo. Sabía que, si las miraba a los ojos, los tres estallarían en llanto. Respiró profundo y se preparó para perforar las dos almas con las malas noticias, pero antes abrazó y besó a su hermana.

—¿Cómo te fue en los exámenes? —Danita esquivó la mirada.

—Creo que sobreviví a ambos —lo miraba esperando a que le hablara de Spongy.

—¿Qué tiene Spongy, Tomy? ¿Es una picada? —preguntó Betty rogando que la respuesta fuese afirmativa.

—No, mamá. No es una picada. Es un tumor, y están casi seguros de que se trata de un cáncer en su mandíbula —Betty se llevó ambas manos a la boca y Danita se sentó en una de las sillas del comedor—. El lunes me lo voy a llevar para que un cirujano lo vea. Lo van a operar y van a enviar la masa a un laboratorio para analizarla y determinar si es cancerosa —Danita comenzó a llorar.

—¿Hay posibilidades de que sobreviva? —preguntó Betty mientras Danita aumentaba el llanto.

—No se sabe —suspiró—. Tienen que evaluarlo. El cirujano es excelente. Habló conmigo por teléfono y me explicó todo. Ya veremos. Quiero que ya sea lunes —Dana salió corriendo al balcón y regresó con Spongy en sus brazos.

—Quiero que duerma hoy conmigo —Tomy le dio una palmadita a su hermana en la espalda intentando no llorar también.

—Voy a decírselo a tu papá —Betty bajó las escaleras que conducían a su cuarto.

Danita estaba acostada en su cama con Spongy. Compartían la misma almohada. Los rostros estaban apenas separados. Ella observaba los hermosos ojos de su gatito, y él se compadecía de las lágrimas que gritaban su nombre. Estaba un poco asustado. Había escuchado que el padre de Tomás había muerto de cáncer, así que no tenía otra asociación para esa tenebrosa palabra. Pegó su rostro del de Danita para sentir su amor y hacerle saber que él también la amaba. Tomy los observaba desde el pasillo y se le rompía el corazón ver a su hermanita sufrir. Tenía los medicamentos en sus manos y un platito con comida blanda para ver si era posible que comiera algo, pero quería darles un poco más de tiempo. Dana lo alcanzó a ver y entendió su intención.

—¿Tenemos que darle esas medicinas? —Tomy asintió.

El joven entró al cuarto de su hermana. Entre los dos ayudaron al felino a tomar su medicamento. Lo hicieron con mucho cuidado para no provocarle más dolor del que ya estaba sintiendo. Cuando Tomy colocó el platito de comida en el suelo, el minino levantó su cabecita y comenzó a oler. Emitió un pequeño maullido y se bajó de la cama bastante animado. Comía con un poco de trabajo, pero pudo hacerlo. No se la logró comer completa. Tomy les ofreció el resto a los demás mininos. Se dirigió al balcón y dividió la porción para que todos pudieran compartirla. Spongy bebió un poco de agua y se volvió a subir a la cama con su querida niña. Danita se durmió mientras él la observaba. Tomy dejó entrar a Bolito para que pasara un rato con Spongy y Danita en la habitación.

—Ven, Bolito. Pasa, para que visites a Spongy —Bolito maulló y entró.

Al tiempo que Bolito estaba acercándose al cuarto de Danita, Tomás abrió la puerta del final del pasillo. El minino se detuvo y se le quedó mirando. Tomy ignoró la presencia de su padre y le hizo señas a Bolito para que entrara. Tomás no dijo nada. Su rostro delataba la preocupación que sentía por Spongy. También entró al cuarto.

—¿Tiene cáncer? —preguntó en un tono suave.

—Lo más probable. El lunes lo van a verificar —Tomy no retiraba la mirada del enfermo felino.

—¿Quién lo va a ver? —acarició la cabeza de Spongy.

—Un veterinario especialista en cirugía. Me queda cerca. Por eso me lo voy a llevar a mi apartamento. El lunes lo llevo al hospital para que lo revisen y lo operen —Tomás suspiró ante la explicación de su hijo, dejó de acariciar a Spongy y salió de la habitación.

Bolito se subió a la cama junto a su amigo y sus queridos niños. Tomy acariciaba a ambos mininos mientras Danita dormía. Escuchaba los pasos de Betty retumbar en la escalera de madera interna. Danita se despertó y se sentó, apoyándose del espaldar de la cama. Miraba las manos de su hermano deslizarse por el cuerpo de ambos mininos. Los dos guardaban silencio. De repente, Betty asomó su cabeza por la puerta de la habitación. Entró como si no quisiera que nadie se enterara de su presencia. Ambos chicos la miraron porque sabían que les quería decir algo.

—Tomás está bien triste por lo que le sucede a Spongy. Cuando se lo dije, inclinó la cabeza, no dijo nada y subió rápido las escaleras para verlo —esperaba que sus hijos reaccionaran positivamente a la noticia, pero no dijeron nada—. Él ama muchísimo a ese gatito.

—Y nosotros también —pensó Danita.

—Voy a servir la cena —dijo Betty para cambiar el tema.

—Yo no tengo hambre —comentó Dana.

—No puedes dejar de comer. Estás bajando de peso nuevamente —Dana ignoró a su madre.

—Es cierto. Debes comer porque después no puedes estudiar bien —agregó Tomy.

—Está bien, pero voy a comer poco. Siento un nudo en el estómago.

—Lo importante es que comas —los hermanos abandonaron la cama para seguir a su madre.

—¿Te quedas aquí en el cuarto, Bolito? —Bolito le contestó a Tomy con un maullido.

—Sí, que se quede acompañándolo. No quiero que esté solo —dijo Dana sin dejar de mirar a los mininos.

Tomás, Danita y Tomy estaban cenando en el comedor, pero Betty, como siempre, no comía casi nada. Mientras cocinaba, probaba pequeños bocados de comida y terminaba sin ganas de comer. Optaba por un pan de maíz con un vaso de leche o una taza de café. Danita no entendía cómo le criticaba su poco apetito cuando apenas ella comía algo decente. La mesa para cuatro personas raras veces estaba llena.

Se dedicaron a conversar sobre Spongy. Seguían preguntándose si la cirugía era la mejor alternativa. Betty sugería la posibilidad de que el tumor no fuera canceroso, pero los otros tres no mantenían el mismo optimismo. Danita y Tomy pensaban que su madre nada más intentaba calmar los ánimos de todos, aunque ella no creyera lo que estaba diciendo. Todo lo que hablaban se escuchaba hasta el cuarto de Danita. No imaginaban que los mininos podían entenderlo todo. A través de los años aprendían de todo escuchando las conversaciones de los humanos.

—Amigo, siento que este es el último fin de semana que voy a pasar junto a mi Danita. Me alegra tanto que me haya traído hasta acá. No quiero despegarme de ella en ningún momento. Luego estaré con mi amado Tomy —Bolito le interrumpió.

—¿Por qué dices eso? Te van a operar. Van a retirar tu tumor.

—Probablemente.

—Te van a operar. Tomy ya hizo tu cita —Bolito le colocó su pata izquierda en el espinazo.

—Mi cuerpo está cansado y el tumor es muy grande. Siento que mi rostro pesa tanto. Además, no tengo mucho apetito. Si no es por la comida húmeda y por el esfuerzo que hago para complacer a mis humanos, no comería nada. No tengo deseos.

—Es por el dolor. ¿Te duele ahora?

—No tanto, pero la sensación de tener esa masa en mi mandíbula me persigue. No se va, aunque el medicamento quite mi dolor.

—Se va a ir cuando te operen. Y estaremos muchos años más juntos —Spongy inclinó la cabeza y su nariz hizo un ruido extraño—. Amigo, ¿qué sucede?

—Tengo una presión extraña en mi nariz. Se siente muy incómodo —levantó la cabeza y miró a Bolito.

Tomy escuchó el ruido, que se asemejaba a varios gatos estornudando al mismo tiempo. Se levantó de la mesa seguido por Danita. Cuando entraron a la habitación, estaba Bolito oliendo la cara del inerte Spongy. Su respiración estaba un poco agitada. Cuando Bolito retiró su nariz, los chicos pudieron presenciar lo que estaba sucediendo. Ambos sintieron lo mismo: el pecho se les enfrió, seguido de un golpe fuerte en el estómago. Spongy estaba sangrando por la nariz. El llanto de Danita levantó al resto de la familia de sus sillas. Tomy corrió a buscar una servilleta húmeda para limpiar al pobre felino.

—Mamá, está sangrando por la nariz. Míralo —la joven no paraba de llorar.

—Cálmate, mi amor. Tomy lo va a limpiar ahora —Danita se agachó para acariciar con cuidado el espinazo del minino.

Tomy limpiaba con cuidado la nariz de Spongy. Tomás suspiró, hizo un gesto de preocupación y abandonó la recámara. Luego de limpiarle la naricita, todos regresaron al comedor para obligarse a terminar de cenar. Bolito se acostó junto a su amigo y lo invitó a cerrar los ojos.

—El domingo en la mañana quiero reunirme con Mily, Pinti, Norberto y Soky. Quiero despedirme de ellos —Bolito abrió los ojos y se encontró con la mirada cansada de su amigo.

—¿Por qué piensas que vas a partir? Me entristeces, querido amigo.

—Me siento muy mal. Ya no quiero sentir más dolor —suspiró.

—Está bien. Haré lo posible por llegar con Pinti y Mily hasta aquí.

—Gracias, Bolito —ambos parpadearon al mismo tiempo.

***

Los chicos pasaron el fin de semana más lento de sus vidas. Era la primera vez que anhelaban con ansias la llegada del lunes. Tomy estaba un poco preocupado por el viaje de dos horas y media con Spongy. Se la había pasado sangrando todo el tiempo. Danita lo tuvo en su cuarto, pero también lo dejaban caminar libremente por la casa y por el balcón para que tomara el sol. No tuvo que esperar a que Mily, Pinti y Bolito entraran al cuarto. En el balcón, el lugar de encuentro de todos, el felino tuvo la oportunidad de explicarles a sus hijos y a su amiga Mily que era posible no volverlos a ver.

—¿Por qué piensas que todo va a salir mal? Tomy dijo que te van a operar —dijo Norberto buscando la mirada de apoyo de Bolito.

—Me siento muy débil y cansado. No sé qué va a suceder conmigo —contestó Spongy.

—No queremos dejar de verte. Eres nuestro padre —comentó Pinti.

—Ya nos separaron de nuestra madre. ¿Te vas a ir tú también? —preguntó Soky disgustada.

—No estén tristes. Los reuní porque deseo decirles que los quiero mucho, y que a pesar de que no he sido el gato más activo y juguetón del mundo, me encanta verlos jugar y divertirse. Gracias por ser tan buenos compañeros. Pase lo que pase en la cirugía, nunca me voy a ir mientras me recuerden —los mininos guardaron silencio.

—¿Nos volveremos a ver en otro lugar? —preguntó Mily.

—No lo sé, querida amiga. Espero que sí —contestó Spongy.

—Sí, nos vamos a volver a ver —comentó Bolito mirándolos a todos.

—¿Cómo estás tan seguro? —preguntó el curioso Norberto.

—Porque lo sé. Créanme. Así será —todos miraron al sabio minino.

***

Como si hubiese estado planificado, al culminar la reunión de gatos, Dana cargó a Spongy hasta su cuarto para recostarse un buen rato con él. Sin darse cuenta, se quedaron dormidos. Tomy intentó alargar su partida para que Danita pasara más tiempo con el gatito, pero el viaje era largo y no podía salir muy tarde. No encontraba de qué forma decirle a su hermana que ya se tenía que ir. Forzarla a despedirse de Spongy significaba hacerla llorar.

—Danita, ya me tengo que ir. Hay que meter a Spongy en la jaulita. Dale todos los besos y abrazos que necesites —Dana se mordió su labio inferior con sus dientes superiores y lloró—. No llores, Danita. Verás que todo va a salir bien —a Tomy se le humedecieron los ojos.

—Spongy, te amo con todo lo que se necesita para amar. Sé fuerte, y si no puedes serlo, lo entiendo. Gracias por amarnos y soportarnos —lo besó y abrazó—. Por favor, llámanos cuando lleguen al apartamento —volvió a besar al minino y lo metió en la jaula.

Su hermano la abrazó, le sonrió y se marchó con el minino. Ella contuvo las lágrimas y las dejó fluir cuando escuchó el vehículo ser encendido. No sabía si iba a volver a ver a su amigo. Al menos entendía que estaban haciendo lo posible por salvarlo. Metió la cabeza en su almohada y lloró hasta quedarse dormida. Despertó dos horas después en posición fetal junto a Norberto pegado a su espalda y Soky pegada a su pecho. Los abrazó y se levantó para darse un baño. Luego se fue al balcón para estar cerca de Bolito y Mily. Los estuvo acariciando hasta muy tarde.

La joven recordó que tenía tareas y se desveló haciéndolas. No pegó un ojo en toda la noche. Sentía un nudo en el estómago. A la salida del sol, solo pensaba en la llamada de su hermano. Se negó a desayunar. Se fue a la universidad queriendo quedarse en su casa. No podía dejar de pensar en Spongy.

—Ya verás que todo va a salir bien —un mensaje de texto de su madre.

Las clases de la mañana fueron una pesadilla. No podía atender porque le parecía que en cualquier momento Tomy la iba a llamar. En medio de francés comenzó a parpadear la luz de su teléfono celular, que se encontraba en modo de silencio. Salió, casi corriendo, del salón y atendió la llamada.

—Hola —contestó agitada.

—Danita, ¿estabas en clase?

—Sí, pero no importa. El profesor sabía que estaba esperando una llamada de emergencia —suspiró—. ¿Qué sucede? ¿Ya lo revisaron?

—El doctor está seguro de que se trata de un cáncer. Le hicieron análisis de sangre y lo pueden operar. Se va a quedar hospitalizado y mañana temprano le harán la cirugía.

—Eso es bueno, ¿verdad? —preguntó animada.

—Es bueno, pero Danita... tienes que saber que siempre hay un riesgo de que muera, y además es posible que pierda el ojo derecho —Danita comenzó a llorar—. Yo sé que es fuerte, pero moriría de todos modos si no le hacen la cirugía. No le va a quedar mucho tiempo de vida. De hecho, va a sufrir tanto que tendríamos que recurrir a la eutanasia. Creo que es mejor intentarlo —Dana guardó silencio.

—Claro, sí. Supongo que vivir con un solo ojo no le impide tanto —Tomy la interrumpió.

—También me informaron que es posible que el cáncer se esté regando. Así que, si sobrevive a la cirugía, no estaría con nosotros más de un año. Yo sé que parece difícil, pero si le podemos dar un año más de vida, me gustaría intentarlo —esperaba la respuesta de su hermana.

—Creo que es lo mejor. Esta espera nos mata, Tomy —sollozó.

—Lo sé, Danita. Esperemos que todo salga bien. No te quito más tiempo porque tienes que estar tomando clase. Voy a llamar a la casa para decirle a Mamá lo que sucede. Deseo que lo tome bien. Te llamaré luego. Voy a despedirme de él. Adiós.

—Adiós —se limpió las lágrimas y regresó al salón de clases.

***

En la tarde, con Dana de regreso, la familia conversaba sobre las posibilidades de Spongy. Tomy era el que peor la estaba pasando. Estaba solo, sin la compañía del resto de los gatos, rogando que todo terminara. Danita no comió nada en todo el día, a pesar de las súplicas de su madre. Se quedó en el balcón abrazando a los felinos, que la rodeaban y no la dejaban sola, pues sabían que ella los necesitaba. Su madre la observaba desde la cocina, y Tomás de vez en cuando la miraba desde el comedor.

—Tomás, mira eso. No se separan de ella, como si supieran lo que está sucediendo —Tomás observaba por varios segundos y miraba a Betty.

—¿Crees que resista la operación? —Betty notó que estaba genuinamente preocupado.

—No sé, pero voy a orar mucho por él para que todo salga bien —Tomás asintió.

—¿Recuerdas cuando Yoyo se desmayó y mi hermano oró por él y se levantó? —sonrió al contar la historia.

—Lo recuerdo. Si Dios hizo el milagro con Yoyo, lo puede hacer con Spongy.

Yoyo era un toro que tenía Tomás en sus tierras. En las anécdotas de las reuniones familiares siempre contaban la historia de Yoyo. Un día el majestuoso animal se cayó al suelo y no se podía levantar. Pensaban que se iba a morir. Entonces, el hermano de Tomás posó sus manos sobre la enorme bestia y elevó una oración para ayudarlo. Se levantó de inmediato. Tomy y Danita decían que el pobre toro seguramente estaba cansado y por no seguir escuchando la oración del hermano de Tomás, se levantó. Al final, los chicos aceptaban que la intención de su tío era buena, pero no dejaban de aprovechar la anécdota para reírse un poco.

—Danita, no estés mucho tiempo afuera. Está haciendo mucho frío y te puede dar asma.

Dana solía enfermarse mucho, y en la montaña en donde vivían siempre hacía frío. Se encontraban en el mes de diciembre, que era el mes maldito para la pobre muchacha. Cuando no enfermaba, lo festejaban. Pasó unos minutos más con los mininos, los besó y entró a la casa seguida de Norberto, Soky y Pinti. Bolito y Mily se metieron dentro de una caja que Betty les había preparado con una frazada y que se encontraba bajo una de las butacas de madera del balcón. Desde que Mily se recuperó, dormían en esa cajita, a menos que Bolito sintiera deseos de pasar un rato en un vehículo marca *Jeep* de los años 60, que pertenecía al difunto abuelo de los chicos. Cuando el abuelo murió, Tomás remodeló el vehículo. Bolito disfrutaba sus largos ratos en él. Bromeaban comentando que el felino le tenía más cariño al *Jeep* que el propio Tomás.

—Están metidos en la cajita. Ya saben que es su cama. Espero que Bolito no la deje sola para irse al *jeep* que era de tu abuelo —Danita escuchaba a su madre mientras observaba a los dos mininos dormir.

—Bueno, voy a mi cuarto con Norberto y Soky. Ya Pinti se metió a la habitación de Tomy por el pasadizo del gabinete de la cocina —Betty notó el rostro nostálgico de su hija.

—Trata de descansar. Te ves mal, cariño —Danita se sentó en una de las sillas del comedor a llorar sin control.

—Cariño, no llores tan fuerte. Tomás ya está durmiendo y lo vas a despertar —Danita no dijo nada y se fue para su cuarto sollozando en silencio.

Betty se acercó hacia una de las ventanas para ver a Bolito y a Mily durmiendo en el balcón. Notó que la felina se encontraba sola en la caja. Imaginó que Bolito podía estar en el *Jeep* de su difunto suegro. Sin embargo, descubrió que el minino estaba sentado en su lugar especial, mirando hacia el horizonte, como si estuviese pensando o tal vez hablando con un ser invisible en un lenguaje desconocido para los seres humanos. Lo contempló por varios minutos mientras lloraba, pensando en el querido Spongy. Seguramente Bolito hacía lo mismo. Advirtió su presencia y volteó su cabeza para mirarla. Maulló y se incorporó. Subió las escaleras, acarició su cuerpo en las piernas de la triste mujer, y luego se fue a la cajita con su gran amiga.

—Tú eres un gato tan especial —apagó las luces y cerró la puerta.

***

Danita despertó con el ruido de la licuadora. Su madre sabía que se iba a rehusar a comer, pero si le preparaba un licuado, no lo iba a rechazar. Estuvo toda la noche intentando no dormirse, pero el cansancio mental y la debilidad por la falta de alimentos, la vencieron. Abrió la puerta de su recámara y se dirigió a la cocina seguida por Norberto y Soky. Los mininos se pararon frente a la puerta de la cocina para que Danita los dejara salir. Pinti ya se había escapado en la madrugada y seguramente se encontraba en casa del vecino que la consentía. La joven acarició a todos los felinos y volvió a entrar a la casa.

—Te preparé un licuado. Tienes que comer algo. Te puedes desmayar en la universidad —Betty le acercó el vaso a su hija.

—Voy a darme un baño y luego lo tomo.

Durante el baño, Dana pensaba en Spongy. No podía creer todo lo que estaba sucediendo. Hacía una semana que creía que todos sus felinos estaban saludables. De repente se encontraba ante la posibilidad de perder al mayor de todos. Intentaba debatir internamente sobre las alternativas que tenían. Quería estar convencida de que habían tomado la mejor decisión. Un año más de vida era bastante para un felino, tomando en cuenta la cantidad que pueden durar. Si decidían tomar el camino de la eutanasia, jamás iban a saber si hubiese resistido la operación. No podrían vivir con ese remordimiento. Si no lo operaban y lo dejaban que viviera sus últimos días tranquilo, seguramente iba a sufrir muchísimo y no iba a resistir más de una semana. Así que se convenció de que tomaron la mejor decisión: luchar.

Salió del baño vestida y animada. Reflexionar bajo el flujo del agua de manantial le ayudó a comprender. Se fue a su recámara y se ató los zapatos. Luego se dirigió a la cocina y tomó su licuado con calma y entusiasmo. Betty se sentía tranquila de verla ingerir algo de alimento.

—¿Ya estás lista? Llamé a Gabriela y en cinco minutos pasará a recogerte. Guardé tu inhalador en tu mochila. Verifica que no se te queden los libros —Danita le regaló una media sonrisa a su madre y se metió a su recámara para recoger sus cosas.

Gabriela era una buena amiga de Tomás y Betty. Trabajaba en un hospital cerca de la universidad donde estudiaba Danita. Como Danita sufría de amaxofobia, viajaba hasta la universidad con Gabriela. Disfrutaban mucho viajar juntas porque hablaban durante todo el camino. A Danita le convenía la compañía de ella, pues era una persona muy agradable. Betty decía que era de los seres humanos más sinceros que ella conocía. Le ayudó mucho la compañía porque además de distraerse un poco, recordó que estaba rodeada de personas buenas, y que no iba a estar sola en un momento tan difícil e incierto.

Al llegar a la universidad se despidió de su amiga y pasó una buena mañana. Al mediodía sintió un poco de ansiedad porque la cirugía estaba programada para las tres de la tarde. Se fue a la cafetería y compró un café negro. No pudo ingerir más alimentos. Habló con su novio por teléfono, que estaba enterado de la mala noticia del cáncer de Spongy, y le dio varias palabras de aliento, que a fin de cuentas no funcionaron. La ansiedad la estaba dominando.

—No puedes adelantarte a los hechos —decía Jonás, el novio de Danita.

—Es que ya Tomy me dijo que era una cirugía muy complicada. Tengo mucho miedo. Siento que no lo voy a volver a ver. Además, me preocupa que pierda su ojo —explotó en llanto.

—No llores, corazón. Verás que el tiempo pasa rápido y todo va a salir bien. Además, me dijiste que tienen buenas referencias del veterinario que lo va a operar. Es un especialista, ¿verdad?

—Sí. Nunca lo he visto, pero Tomy me contó que nuestro veterinario le aseguró que es el mejor.

—Pues entonces no hay nada de qué preocuparse. Y si sucede lo que no queremos que suceda, tienes que pensar que hicieron todo lo que estaba a su alcance. Danita, hicieron todo. No se deben sentir mal. ¿Está bien?

—Está bien. ¿Te veo cuando salgas de tu examen? —preguntó, aún en sollozos.

—Sí. Si quieres, me puedes esperar frente al salón. ¿Hoy te quedas con tu tía?

—Sí. La compañía de mis primas me va a ayudar mucho.

—Está bien. Te amo.

—Te amo —el joven colgó.

Danita tenía un aparato para escuchar música, y dos discos compactos de jazz latino. La ayudaba a matar el tiempo y a sentirse de mejor ánimo. Tenía mucho por estudiar, así que se colocó sus audífonos y dejó que la música la ayudara con sus exámenes finales.

El tiempo pasó, tal y como esperaba. Recibió la esperada llamada de su hermano a las tres y media de la tarde.

—Hola, Danita. ¿Cómo estás? —se notaban los nervios en la voz de Tomy.

—Estoy... asustada y nerviosa. Me puse a estudiar y a escuchar a Gato Barbieri para no pensar. Ya lo están operando, ¿verdad?

—Sí. El doctor Monge me llamó antes de la cirugía. Me dejó saber que cuando terminara me iba a llamar para decirme cómo salió todo y para avisarme en qué momento puedo pasar a visitarlo.

—Tomy, ¿crees que va a salir bien? —su voz se apagó.

—No sé. Yo quiero que todo salga bien y que por lo menos lo podamos tener con nosotros un año más. Eso es lo que quiero —guardaron silencio—. Bueno, voy a seguir trabajando. No te distraigas, por favor. Estudia bien para tus exámenes finales.

—Está bien. Espero tu llamada. Adiós.

—Adiós.

Tomy intentaba calmar la preocupación con el trabajo de la oficina. Danita estudiaba y escuchaba jazz latino para no pensar, y Betty limpiaba una y otra vez lo que ya había limpiado.

No se sabía lo que estaba sucediendo en la cabeza de Tomás. Bolito se subió al mueble de Spongy y lo olió por un rato. Tomás, que había regresado de trabajar en su finca, lo vio y llamó a Betty para que también lo pudiera ver.

—Betty, mira lo que hace Bolito. Parece que echa de menos a Spongy —hizo un gesto compasivo.

—Los animales saben, Tomás. Conocen lo que está sucediendo. Norberto y Soky se la han pasado en el cuarto de Danita. Pinti regresó temprano de casa del vecino, y Mily no ha salido de la cajita. Están como preocupados.

—¿Sobrevivirá a la operación? —preguntó Tomás.

—Yo espero que sí —Betty regresó a la cocina para preparar la cena.

***

Las horas pasaron sin que Betty lo notara. Ya quería enterarse de las noticias, aunque fuesen malas. Varias veces se sentó a llorar y otras veces se arrodilló para hacer una oración por el minino.

En la universidad, en el edificio de ingeniería general, se encontraba Danita esperando a su novio. Ya la noche se había apoderado del lugar. Estaba sentada en el sucio suelo del pasillo frente al salón donde se encontraba Jonás. Abrazaba sus rodillas porque tenía mucho frío, a pesar de que llevaba muchísima ropa puesta. Sentía que se iba a enfermar, pero ignoraba que todo lo que le estaba sucediendo era culpa de su mismo estado emocional. De repente el sonido de su teléfono celular la sobresaltó. El nombre de Tomy apareció en la pantalla provocando que la joven sintiera un objeto brincando en su vientre. Tuvo deseos de ir al baño, pero necesitaba contestar la llamada.

—Hola. ¿Cómo estás, Tomy? —preguntó en un tono desesperado.

—Estoy bien. Ya lo operaron. Lo fui a visitar —se mantuvo en silencio—. Salió bien. Ya enviaron la masa a un laboratorio para ser analizada.

—¿El cirujano pudo salvar su ojo? —esperaba con temor la respuesta de su hermano.

—Le salvaron su ojo —Danita le interrumpió.

—¡Qué bueno! —celebraba llorando.

—Danita, tienes que saber que Spongy no es el mismo gatito de antes. Parte de su rostro se tuvo que sacrificar cuando extirparon su tumor —se le cortó la voz—. Te lo digo porque sé que cuando lo veas te vas a sorprender.

—Él siempre será hermoso —dijo la joven.

—Así es. Y lo más importante es que está vivo. Va a poder comer sin dolor y tendrá una buena calidad de vida.

—¿El veterinario te informó sobre la expectativa de vida? —se secó las lágrimas al mismo tiempo que se puso de pie.

—Hay que esperar a que lleguen los resultados de la biopsia. Pronto le estarán ofreciendo comida y lo van a tener en observación hasta que esté estable para que me lo pueda llevar a la casa.

—Ya quiero verlo.

—Lo vas a ver pronto. ¿En dónde andas? ¿Sigues en la universidad?

—Sí. Estoy esperando a Jonás, que está reunido con un grupo haciendo un proyecto.

—Estudia mientras tanto. Yo sé que estás ansiosa, pero necesitas salir bien en tus exámenes finales.

—Lo sé. Estoy intentando no desconcentrarme tanto, pero es que hasta que no lo vea, no voy a estar tranquila.

—Entiendo, pero debes hacer el intento. ¿Comiste algo?

—Sí.

—¿Qué comiste? —preguntó incrédulo.

—Un café negro —Tomy la interrumpió inmediatamente.

—Danita, eso no es comida. ¿A qué hora te bebiste ese café?

—Al mediodía —su voz perdía firmeza con cada respuesta.

—Come algo. Te vas a desmayar. Son las siete de la noche. No puedes recaer. Si no te alimentas bien, te vas a seguir enfermando y seguirás perdiendo semestres. No lo tomes como un regaño. Es que preocupas.

—Está bien. Ya pronto me compraré algo de comer. Voy a seguir intentando estudiar —quería terminar la conversación para evitar que su hermano la siguiera regañando.

—Bueno, cuando tenga más noticias de Spongy, te llamaré en seguida. Y come, por favor.

—Está bien. Hasta pronto —sus ojos se iluminaron cuando vio a su novio salir del salón.

—Hasta pronto.

Jonás vio a Danita desde la puerta del salón. Se veía tan delgada y enfermiza sentada en el suelo sucio, con el rostro hinchado y los ojos llorosos. Se despidió de sus compañeros y caminó hacia donde estaba la triste joven. Ella se puso de pie y le dio un abrazo. Estuvieron varios minutos abrazados y cuando por fin separaron sus cuerpos, Jonás le preguntó por el gatito.

—¿Todo está bien con Spongy? —Danita bajó la mirada ante la pregunta de Jonás.

—Ya salió de la operación, pero perdió parte de su rostro. El tumor era muy grande. Al menos le pudieron salvar el ojo.

—Entonces no son malas noticias. ¿Por qué estás tan triste?

—Siento que todavía no está fuera de peligro. Aún no sabemos cuánto tiempo más va a estar con nosotros. Tengo miedo y estoy tan triste.

—Ya te dije que no te debes adelantar a los hechos. Un paso a la vez, Dana. Recuerda que no fue una cirugía fácil —le acarició el cabello a la joven.

—Quiero verlo —sus ojos se humedecieron.

—Lo vas a ver —la abrazó.

Danita se despidió de Jonás y luego llamó a su prima para que pasara a recogerla. A pesar de que tenía deseos de estar junto a sus mininos en casa de sus padres, entendía que el buen humor de sus primas le iba a ayudar a no pensar tanto en Spongy. Necesitaba despejarse e intentar comer algo. Su prima Marla siempre lograba abrirle el apetito. Además, ya había preparado un área de la casa para que ambas estuvieran hasta tarde estudiando sobre sus respectivas materias. Era muy conveniente que Dana pasara la noche con su otra familia. Pudo concentrarse, pero siempre esperaba la última llamada de Tomy. El joven la llamó, como lo había prometido.

—¿Cómo está todo, Danita? ¿Ya comiste algo?

—Sí. Marla y yo salimos a comprar comida.

—¿Qué te compraste? —quería estar seguro.

—Compré un emparedado de proteína de soya y vegetales.

—¿Lo comiste completo?

—Sí. Marla está preparando café porque vamos a estudiar. Ella tiene varios exámenes también.

—Bueno, me alegra que hayas podido comer algo.

—Yo también. ¿Qué sabes de Spongy? —se empezó a sentir ansiosa.

—El doctor Monge llamó para decirme que duerme tranquilo. Mañana temprano me va a llamar para que lo vaya a visitar y para contarme cómo respondió al alimento.

—¿Cuándo llegan los resultados de la biopsia?

—Deben estar listos para pasado mañana —guardó silencio—. Danita, voy a colgar para que puedas seguir estudiando. Trata de descansar un poco también.

—Está bien. Hasta mañana.

—Hasta mañana —Tomy colgó.

La compañía de Marla ayudó a que Danita terminara de estudiar y se pudiera distraer de la preocupación por Spongy. Se desvelaron y adelantaron lo suficiente. Marla se encargó de que la delgada joven comiera. Cuando se levantaron hicieron ejercicios y luego se fueron a la universidad. Sin duda el buen humor de Marla era contagioso.

—Ya verás que Spongy va a estar bien, mi amor —Danita suspiraba al escuchar a su prima.

—Espero que sí. Gracias por todo, Marla.

—No agradezcas, mi amor. Para eso está la familia.

***

Durante la primera clase de la mañana, Danita no dejó de pensar en que pronto iba a recibir una llamada de parte de Tomy. Quería que la clase terminara para saber si Spongy se encontraba estable. Sentía una molestia en su estómago que la enviaba al baño más de lo normal. Probablemente Tomy se encontraba en la misma situación, o peor, porque se había convertido en el portador de noticias. Sabía que Danita sufría la situación de Spongy tanto como él, y que, al estar cerca de sus exámenes finales, no le convenía un choque emocional fuerte. Necesitaba que se concentrara, pero estaba sucediendo lo contrario: el profesor hablaba y ella no prestaba atención. Por fin terminó la conferencia; la joven salió muy rápido del salón de clases para verificar su teléfono. Su hermano ya sabía cuándo la podía llamar, y tampoco quería hacerla esperar. Así que no tuvo que esperar más que tres minutos al salir de clases para recibir la tan anhelada llamada.

—¡Tomy! ¿Cómo estás? ¿Ya visitaste a Spongy? ¿Qué te dijeron? —un estudiante se le quedó mirando cuando la escuchó hacer tantas preguntas en un tono de voz bastante alto.

—Hola, Danita. Estoy bien. ¿Tú estás bien? ¿Desayunaste? —Tomy guardó silencio esperando la respuesta de su hermana.

—Marla me obligó a desayunar, pero siento mal el estómago. He ido tantas veces al baño… Tengo la sensación de haber rebajado como diez libras.

—Bueno, pues está muy bien que te alimentes. Te sientes así porque estás ansiosa por Spongy. Yo estoy igual.

—Sí, claro. Es eso.

—Danita, Spongy no quiere comer mucho. Probó un poco de atún que le ofreció el doctor, pero no quiso más. Lo fui a ver. Me miró tan triste. Me partió el corazón.

—¿Por qué no come? —el ritmo de su respiración aumentaba.

—Parece que es normal que luego de una cirugía algunos animalitos se rehúsen a comer. Al menos está en buenas manos. Ellos lo van a tener en el hospital hasta que esté estable. Se supone que cuando lo tengamos en la casa, pueda comer bien. Claro, de ahora en adelante debe comer comida blanda. Eso es bien importante.

—Eso será algo complicado. Debe comer aparte todo el tiempo, porque va a querer comer la comida de los demás. ¿Recuerdas cuando lo pusimos a dieta junto a Bolito?

—Lo recuerdo. Le cambiaban la comida a Norberto.

—No rebajaron nada. El pobre Norberto estaba rebajando —ambos se rieron.

—Ya quiero que me lo entreguen. Quiero llevarlo a la casa con los otros gatitos. Se va a sentir mejor allá. Pensé quedarme con él en el apartamento por un tiempo, pero no sé si sea mejor que esté con sus amigos peludos —Tomy esperó la sugerencia de su hermana.

—Creo que mejor esperamos la opinión del veterinario. Explícale todo y veremos qué te dice. Yo estaría en la casa para cuidarlo. Volvería a quedarme en casa de Marla cuando él estuviese completamente recuperado. ¿Qué crees?

—Sí. Es lo mejor, pero vamos a esperar. Bueno, me tengo que ir para seguir trabajando. Aprovecha las horas libres para que estudies. Te llamaré cuando lo vuelva a visitar al salir del trabajo.

—Está bien. Hasta pronto.

—Hasta pronto —Tomy colgó.

***

El resto del día fue bastante difícil para Tomy y Danita. No dejaban de pensar en Spongy. Se sentían desesperados e impotentes. Betty se aferraba a sus oraciones, y por eso no sentía ansiedad. Estaba segura de que Spongy iba a regresar a la casa y lo iban a disfrutar muchos años más. Tomás le preguntaba de vez en cuando si Tomy la había llamado para contarle sobre el minino. Su silencio y su mirada impenetrable no permitían saber lo que estaba sintiendo, pero Betty estaba segura de que estaba preocupado y extrañaba al felino.

Las noticias no cambiaban. Tomy salió del trabajo, visitó al felino, se le volvió a romper el corazón cuando lo vio con la cicatriz enorme en su rostro, pero al mismo tiempo agradecía a la vida porque estaba vivo. Luego llamó a Danita para decirle lo mismo que le había dicho en la mañana, y también llamó a Betty. Todos sufrían a su manera la espera de noticias significativas.

Los hermanos, sincronizados por el mismo pensamiento, se mantuvieron ocupados para crear la ilusión de que el tiempo se apresuraba. Pasaron la noche dando vueltas en sus respectivas camas. La angustia y ansiedad se manifestaba a través de fuertes palpitaciones en el pecho. No entendían lo que significaba tal sensación, pero era molesta y persistente. Fue una mala noche que terminó con el sonido del reloj despertador.

***

—¿Cuándo se supone que Spongy esté de nuevo con nosotros? —preguntó Mily mientras se lamía su pata izquierda.

—Ya se están tardando mucho, y nunca logro alcanzar escuchar las conversaciones de Betty. No sé si Tomy la ha llamado —comentó Norberto.

—Sé que la ha llamado todos los días desde que se llevó a Spongy —añadió Bolito.

—¿Cómo lo sabes? —preguntó Soky.

—Bueno, Tomy nunca dejaría de llamar. Lo conocemos. El problema es que al parecer Betty contesta sus llamadas en su recámara. Ahí ninguno de nosotros puede entrar. Siempre tienen la puerta cerrada —Pinti interrumpió a Bolito.

—¿Estará todo bien? ¿Lo volveremos a ver? —Bolito miró a la pequeña calicó y meditó.

—No lo sabemos. Él estaba seguro de que no nos iba a volver a ver. Se despidió de todos. Tal vez estaba equivocado, pero tal vez no —todos los mininos miraron a Bolito e inclinaron sus cabezas—. No se entristezcan, por favor. Spongy nunca se irá. Yo les puedo asegurar que lo que llamamos muerte no es más que una transformación.

—¿Cómo lo sabes? —preguntó el curioso Norberto.

—Simplemente lo sé. Además, si sucede lo que él anticipó, yo voy a estar aquí con ustedes. Nos iremos transformando poco a poco. Siempre estaremos aquí. Tuvimos la suerte de vivir en este paraíso. Esta es nuestra casa.

—¿Cómo sabes que es nuestra casa? ¿Por qué no es otra? —preguntó Soky.

—Respira profundo, Soky. ¿No lo sientes? —la blanca minina obedeció las instrucciones de Bolito.

—Tienes razón, Bolito. Esta es nuestra casa —todos suspiraron junto a Soky.

—¡Miren! ¡Es Danita! —exclamó Norberto mientras se acercaba el vehículo de Gabriela.

—Está sonriendo. ¿Será que tiene buenas noticias de Spongy? —preguntó Mily.

—Esperamos que sí —contestó Bolito.

—Ella nos va a contar. Siempre nos cuenta —añadió Norberto.

Norberto salió corriendo como si estuviese en una carrera, para ser el primero en recibir a Danita. Ella se estaba despidiendo de Gabriela y por eso tardaba. Durante todo el viaje le estuvo contando sobre su estadía en casa de su tía. A Gabriela le pareció muy curioso ver a todos los gatitos observándola desde la parte alta de la casa.

—Mira, ahí está Norberto en el comienzo de la escalera. Siempre te recibe.

—Siempre. Soy su persona favorita. De eso no tengo duda —se colocó la mochila en su espalda y se despidió—. Gracias por todo, Gabriela.

—A la orden, cariño. Espero que ya den de alta a Spongy y lo tengas de vuelta —subió el vidrio de la ventanilla y se fue.

Danita sonrió al ver a su amado Norberto sentado en el comienzo de la escalera exterior de la casa. El día estaba frío y ella se abrazaba mientras corría a saludarlo. Estuvo dos días lejos de sus felinos, pero sentía que había pasado un mes. Tomó al minino en brazos, lo besó y subió las escaleras para encontrarse a los demás gatitos en el principio del balcón, sentados, esperándola. Soltó a Norberto para que se integrara al grupo y comenzó a acariciar a sus amigos peludos.

—Hola, mis preciosos peludos. ¿Cómo la han pasado? Yo les cuento que pude distraerme y sobreviví a uno de mis exámenes. Y si no les han contado, quiero que sepan que Spongy fue operado y está recuperándose en el hospital. Esta mañana comió un poco, pero todavía no tiene tanto apetito. Tomy nos llamará más tarde para informarnos sobre su salud. Y yo les contaré todo. ¿De acuerdo? — Danita asintió convencida de que los mininos entendieron todo lo que les explicó.

Cuando abrió la puerta de la casa, un olor exquisito se metió en su nariz. Cerró los ojos y lo disfrutó. Su madre había cocinado un arroz con legumbres, plátanos maduros asados y una ensalada muy colorida y llamativa. Danita amaba los plátanos maduros. Era imposible rechazar ese plato. Betty siempre pensaba en la manera de lograr que su hija comiera. Como estaba de buen ánimo y con la esperanza de que pronto iba a tener a Spongy con ella, sabía que iba a lograr que comiera.

—Hice tu comida preferida. ¿Quieres comer ahora? — preguntó la entusiasmada madre.

—Sí. Voy a darme un baño y regreso. Hoy desayuné con Marla, pero no pude almorzar porque todavía tenía mucho que repasar para mi examen.

—¿Cómo te fue?

—Sobreviví —esquivó la mirada de su madre.

—Vas a salir bien. Yo confío en ti —Danita suspiró.

—Voy a dejar mis cosas en mi habitación, me daré un baño y regresaré a comer.

—Está bien, mi princesa —le besó la mejilla a su hija.

Danita se fue a su cuarto seguida de Norberto. Se dio un baño y sintió que se había quitado la tensión del examen. Quería descansar y recibir buenas noticias. Hasta tenía apetito. Se sentó en la mesa del comedor a devorar con entusiasmo la delicia preparada por su madre. Bolito, Mily y Soky la vigilaban por la ventana. Norberto seguía en la habitación de ella y Pinti ya se había metido a la de Tomy. A Betty le daba gusto ver a su hija comer con tantas ganas.

—Mamá, ¿ya comiste? —preguntó Danita a su madre, que se encontraba observándola de pie, descansando los codos en el mueble que dividía la cocina del comedor.

—Sí, ya comí —sonrió.

—Ella se preocupa tanto por mi alimentación, pero en mis veintiún años la he visto sentarse a comer como tres veces —pensó la joven.

—¿Tienes que estudiar mucho este fin de semana? —preguntó Betty mientras se preparaba una taza de café.

—Sí. Tengo mucho trabajo y pocas ganas. Ya quiero que Spongy esté en la casa —observaba su comida.

—Bueno, trata de comerte eso. Ya verás que Spongy va a regresar pronto.

—Está delicioso. Me lo voy a comer completo —probó un bocado de arroz.

Danita terminó toda su comida y Betty estaba muy feliz. Luego se fue a su cuarto a estudiar para su examen final de francés. Norberto se acostó en su libro de texto para desviar la atención de la joven hacia él. Eso era suficiente para dejar de estudiar y dedicarse completamente a su gato.

—Voy a jugar un rato contigo, pero luego me tienes que dejar estudiar. De lo contrario, me voy a tener que ir a la mesa del comedor. No me gusta ir a la recámara de estudio desde que Tomy se fue a otro pueblo a trabajar. Se siente muy sola y me da miedo estar allí hasta tarde —acariciaba al felino mientras lo miraba a los ojos—. Ustedes son los únicos seres que me escuchan y me entienden. No sé por qué las personas insisten en que los seres humanos son los únicos que razonan. ¡Mírate! ¡Hasta te gusta el libro de francés! —le besó la barriga al minino.

A Danita no le quedó más remedio que irse a la mesa del comedor, pues Norberto no cedió el espacio que necesitaba la joven para concentrarse. Estuvo varias horas estudiando de todas las materias que iban a ser examinadas mientras era observada por Mily y Bolito, que se encontraban en el balcón. Le dio una sensación de ansiedad cuando vio el mueble donde dormía Spongy. A pesar de las palabras de aliento de su madre, no se sentía segura de que todo iba a estar bien. La noche aumentaba esa preocupación que se convirtió en una tristeza destructora cuando escuchó los pasos de su madre contra los escalones de la escalera interna, mezclados con un llanto persistente. Danita sintió que el pecho se le arrugó, y ya estaba segura de la razón de ese llanto. Betty llegó al comedor con sus ojos llenos de lágrimas. El verde de su iris contrastaba con el rojo del resto de su rostro.

—Danita, mi amor... Spongy se murió —la joven se levantó de la silla y abrazó a su madre.

—¿Qué sucedió? ¿Por qué murió? —preguntó entre llanto y respiraciones cortas y rápidas.

—Le dio un infarto. Tomy no quiere hablar contigo. Se siente muy mal. Tu papá está llorando tanto. Yo pensaba que se iba a salvar. Tenía fe de que así sería —se sentaron en la sala a observar el árbol de Navidad.

Danita se acostó bocabajo en uno de los sofás de la sala. Su llanto era incontrolable y se lo contagiaba a su madre. Tomás nunca salió del cuarto. Era muy probable que no quisiera lidiar con el llanto de su hija. La joven se levantó del sofá y miró hacia el balcón por una de las ventanas de la sala. Allí estaban Mily y Bolito observándolas llorar. Ya se habían enterado de la noticia y Danita lo entendió así.

—Ya ellos saben —le dijo a su madre—. Tengo que decirle a

Norberto, a Soky y a Pinti.

—¿Soky está en tu cuarto? —preguntó la madre mientras se limpiaba la nariz con una servilleta que guardaba en el bolsillo de su pantalón.

—Entró cuando estaba estudiando. Voy a verlos —se levantó y se metió a la habitación.

Norberto y Soky estaban acostados en la cama de Danita, con sus rostros apoyados en sus patas delanteras. No se veían de buen ánimo. La joven sospechó que ya habían escuchado la mala noticia, pero aun así, tenía que asegurarse de que lo supieran. Se sentó en la cama junto a ellos y comenzó a acariciar sus cabecitas.

—Me imagino que ya se enteraron de la mala noticia, ¿verdad? Spongy ha muerto —comenzó a llorar junto a sus dos blancos felinos.

Los hermanos felinos no se separaron de la joven. Sus ojos estaban hinchados de tanto llorar. Necesitaba ir al cuarto de Tomy para visitar a Pinti y contarle. Sabía que eso significaba seguir llorando con más ganas. Le rompía el corazón tener que dar una mala noticia a sus mininos. Besó a Norberto y a Soky, y se fue al cuarto de Tomy. Allí estaba Pinti, dormida en la almohada impregnada del perfume de su padre humano.

—Pinti —la minina respondió con un pequeño maullido—. Tienes que saber que Spongy murió. Le dio un infarto. Lo siento mucho, Pinti —se recostó a llorar junto a la pequeña felina.

Por otro lado, lejos de la casa y los mininos, se encontraba Tomy llorando la pérdida del gatito mayor de la familia. Estaba deshecho. Dana tenía la compañía de su madre y sus mininos, y podía pasear por todos los lugares preferidos de Spongy. Él estaba lejos. Quería regresar a su hogar para poder enterrarlo y al mismo tiempo sentirlo. Viajaría al día siguiente con el cuerpecito del felino por dos horas y media hasta la casa, pero antes tenía que detenerse en la universidad para recoger a su hermana.

***

—Danita, ya estoy cerca. Espérame en el centro de estudiantes —Dana colgó la llamada y se despidió de Jonás.

172

—Gracias por venir a apoyarme —lo besó en los labios y lo abrazó.

—Te adoro, mi corazón. Siento mucho lo de Spongy, de veras. Piensa que hicieron muchísimo por él y tuvo una vida muy buena —el chico se desapareció entre la multitud de estudiantes.

Dana caminaba hacia el vehículo con mucho temor. Su pulso se aceleraba según se iba acercando. Solo podía pensar que el cuerpo muerto de uno de sus mininos se encontraba ahí adentro. Además, veía el reflejo de un alma rota en el rostro de su hermano. Tenía que llegar al vehículo. No tenía otra opción. Su mano se acercó a la portezuela, la abrió y se sentó con su mochila en sus piernas. Giró su cabeza hacia su lado izquierdo, y miró a su hermano, quien al mismo tiempo le devolvió la mirada. El rostro del joven se afligió y Danita comenzó a llorar.

—Está en la jaulita, envuelto. Está rígido y frío porque lo tenían en una nevera. Si lo quieres ver, lo podemos sacar de la envoltura cuando lleguemos a la casa, antes de enterrarlo —cambió su vista hacia el volante.

—No, mejor no. Prefiero recordarlo vivo —su hermano asintió.

—Me siento tan mal por haberlo sometido a tanto sufrimiento, y al final se murió —Tomy comenzó a llorar y le entregó un sobre a su hermana.

—¿Qué es? —preguntó la joven sin abrir el sobre.

—Son los resultados de la biopsia. Ábrelo —se limpió los ojos y la nariz.

Danita leía los resultados de la biopsia. Sus ojos se abrieron más de lo normal. Cuando terminó, se le quedó mirando a su hermano y no sabía qué decir. Volvió a centrar la vista en el papel y leyó nuevamente. Lo dobló y lo guardó en el sobre.

—El cáncer se estaba esparciendo. Probablemente ya había atacado el sistema nervioso. No nos iba a durar ni un mes —se le volvieron a humedecer los ojos.

—Hiciste lo correcto en escoger la cirugía. Si no lo hacías, jamás ibas a saber si tenía posibilidades, y estarías lamentando no haberlo intentado. Estaba sufriendo porque no podía comer bien. Y tú sabes que esa era su actividad predilecta, aparte de dormir en la butaca de madera del balcón —le colocó la mano en el hombro a su hermano.

—Se va a quedar vacía la butaca.

—Seguramente uno de los gatitos de la casa la va a usar de vez en cuando, y no pensaremos que está vacía. Bolito a veces dormía con él ahí. Hasta tenemos una foto de ellos dos —sonreía entre lágrimas.

—Es cierto. Tenemos que guardar bien cada fotografía. Y también debemos tomarles muchas fotos a los demás, porque nunca se sabe lo que pueda suceder —Danita asintió.

La conversación entre los hermanos ayudó a camuflar la tristeza. Tomy le preguntó a Danita sobre su desempeño en su estudio. Sabía que la muerte de Spongy la iba a perjudicar. No faltaron las preguntas sobre su alimentación y hábitos de sueño. Danita odiaba esas preguntas, pero por primera vez le hacían olvidar que, en el asiento trasero del vehículo de su hermano, cargaban el cadáver de uno de sus queridos mininos.

Cuando llegaron a la entrada del portón de la casa, Betty los estaba esperando en el balcón, junto a Bolito y Mily. Pinti estaba con el vecino, y Norberto y Soky se encontraban en la habitación de Danita. Betty bajó las escaleras y comenzó a llorar. Tomás dejó ver su cabeza por la puerta de la recámara del primer nivel de la casa. Lo hizo por unos segundos y luego desapareció.

—Tu papá quiere que lo entierren en la parte de atrás de la casa, cerca del árbol de mango —los chicos se miraron y Betty notó que no estaban contentos con las instrucciones de su padre.

—Está muy lejos. Además, le vamos a mandar a construir una estatua con una lápida. Se va a quedar en el olvido —dijo Danita a su madre.

—Es que tu papá ya le dijo a Sergio que cavara la tumba. Está todo listo —observó a sus hijos—. Se va a ver bonito porque está cerca del árbol de mango —Tomy abrió la puerta de la jaula para sacar el cuerpo y Betty dejó de hablar.

Los chicos notaron cómo su madre intentaba convencerlos de que el lugar escogido por Tomás era bueno, pero ellos hubiesen querido que su cuerpo reposara cerca de una de las jardineras o de algún árbol en el patio.

Betty ocultaba la verdadera razón de Tomás: no quería que un hoyo dañara el aspecto verde del patio que tantas personas admiraban. Los chicos no tenían energías para discutir. Querían darle paz al cuerpo del felino. Su madre no sabía qué decir o hacer. Se quedó de pie observando a Tomy sacar el cuerpo de Spongy de la jaula.

Bolito y Mily bajaron las escaleras y se acercaron a ver el cuerpo. Danita corrió hasta su cuarto para que Norberto y Soky salieran del mismo. También buscó unas tijeras. Los gatitos abandonaron la habitación de la joven y corrieron hacia el balcón, como si supieran lo que estaba sucediendo. No bajaron hasta el patio. Se quedaron en el balcón y observaban desde lo alto. Dana se acercó con las tijeras.

—¿Quieres sacarlo para verlo? —preguntó Tomy extrañado.

—No. Quiero cortar un poco de su pelaje para tenerlo conmigo siempre.

—Está bien —el joven tomó las tijeras.

Tomy fue cortando poco a poco la envoltura plástica que mantenía protegido el rígido cuerpo de Spongy. Bolito y Mily observaban en silencio, bastante cerca de donde se encontraba Tomy en cuclillas. Betty se fue sin que los chicos lo notaran. Danita cerraba los ojos, preparándose para ver una pequeña porción de lo que se negaba a ver. Se repetía una y otra vez que lo quería recordar vivo. Abrió sus ojos y ahí estaba expuesto su largo pelaje gris oscuro. Extendió la mano y lo tocó. Sintió la frialdad de su cuerpo en su propio pecho. Suspiró y dejó que las lágrimas corrieran sin límite. Tomy también comenzó a llorar. Entonces, se dieron cuenta que Betty había regresado. Estaba al lado de ellos llorando también.

—Aquí tienes un cordón para que puedas atar el grupo de pelillos que cortaste —Danita recibió con cariño el gesto de su madre.

La joven tomó un grupo de pelillos, los ató con el cordoncito y se los entregó a su madre. Betty subió las escaleras para guardarlos en el cofrecito donde Danita tenía su joyería. La joven se puso de pie, seguida por Tomy. El joven cargaba el cuerpo del minino seguido por Bolito y Mily. Norberto y Soky decidieron bajar al patio, pero se quedaron mirando desde una distancia más larga. Todo estaba listo para que lo enterraran. Tomás lo había planificado a su manera, como siempre. Danita sentía que ese no era el lugar correcto, pero no tenían otra opción. Hubiese sido muy imprudente discutir con su padre en un momento como ese.

—Bueno, es hora de despedirnos —Tomy colocó su mano sobre el cuerpo de Spongy y cerró los ojos—. Gracias por todo, Spongy. Te vamos a extrañar —se apartó para que Danita se despidiera.

—Spongy, nos diste diez años y medio de felicidad. Gracias por haber sido un gatito tan bueno. Espero que descanses en paz. Te amamos —Danita miró a Tomy en señal de que ya podía colocar al felino en el hoyo.

Tomy tomó el cuerpo en sus manos y lo colocó cuidadosamente en el hoyo. Luego lo cubrió con tierra. Se aseguró de que todo quedara limpio. Se quedaron mirando la tumba por unos minutos. Observaron a su alrededor y notaron que Pinti había regresado de casa del vecino y se encontraba bajo un árbol contemplándolos. Bolito y Mily los seguían acompañando, y Norberto y Soky estaban sentados en el mismo lugar. Todos los mininos estuvieron presentes en el entierro del querido felino. Danita y Tomy caminaron de regreso a la casa acompañados por Mily y Bolito. Cuando subieron las escaleras, notaron que Norberto, Pinti y Soky estaban sentados sobre la tumba de Spongy.

—Míralos. Seguramente querían estar a solas con su papá. Por eso no se acercaban cuando estábamos allí. Qué extraño. ¿Verdad? —preguntó Danita a su hermano.

—Tal vez no lo es —contestó el joven mientras observaba a los tres felinos.

Todos en la casa estaban tristes. Hasta a Tomás se le habían humedecido los ojos. Betty olvidaba la tristeza mientras preparaba la cena. Los hermanos ordenaron una estatua con el nombre del felino grabado en una pequeña placa de metal. Luego, cada uno se fue a su cuarto a llorar hasta que Betty los llamó para cenar. No llegaron a la mesa al instante. Lo hicieron luego de que Tomás terminó de comer. Estaban los dos solos en la mesa. Betty se encontraba de pie comiendo algo en el mostrador de la cocina. Miraron la butaca vacía del balcón y sintieron que se les apretó el pecho. De repente, Bolito y Mily se subieron al mueble de madera a dormir. Los chicos tuvieron que sonreír. Entendieron que la vida continuaba y que Spongy siempre sería recordado cada vez que Bolito y Mily se subieran a dormir a la butaca de madera.

EL DIENTE PODRIDO

La butaca de madera había sido adoptada por Bolito. Mily se subía de vez en cuando. A veces le gustaba acostarse en el sofá. Bolito sentía que estaba cerca de su amigo cada vez que dormía en ese lugarcito. También sabía que cuando lo veían ahí acurrucado, activaba las emociones de los recuerdos de Spongy. Ya habían pasado casi dos años desde la muerte de él. La estatua en forma de gato con alas no se encontraba encima del pedazo de tierra donde yacía su cuerpo. Cuando llegó el paquete de la estatua, una semana después del entierro del felino, resultó que la foto del catálogo no le hacía justicia. Betty prefirió colocar la estatua en una de las jardineras, porque luciría mejor. Con esta acción terminó aceptando, sin decirlo, que el lugar que Tomás designó para enterrar a Spongy no era el mejor. Sin embargo, Bolito había logrado que olvidaran dónde yacía el cuerpo muerto, para revivir los recuerdos. Eso neutralizó el trago amargo de los hermanos cuando lo enterraron en el lugar menos deseado para ellos.

—Tan hermoso que se ve acostado en la butaca. Me causa la impresión de que Spongy está junto a él —comentó Betty al observarlo desde la ventana del comedor.

—Es cierto. Es que ellos dormían ahí juntos, a veces. Tenemos la foto de ellos acurrucados. Danita, ¿tienes la foto? —la joven se levantó de la mesa para buscarle la foto a su hermano.

—Aquí está. Mira qué bellos. Parecen hermanos. El pelaje corto de Bolito se pierde en el largo de Spongy —Tomy sonrió ante la foto.

Bolito se despertó y vio que tenía tres pares de ojos sobre de él. Se regocijó al ver tres sonrisas porque entendía que estaban recordando a su regordete amigo. Para aumentar la felicidad de su familia, emitió su maullido peculiar y caminó hacia su plato. Probó la comida y se detuvo. Luego bajó las escaleras, caminó por la verde grama y se sentó en su pequeña colina. Betty salió al balcón y lo vio mirando hacia el horizonte.

—Está en su lugarcito, meditando. Me pregunto qué estará pensando —se metió a la casa y cerró la puerta para no desconcentrar al minino.

—No me estoy sintiendo bien —pensó—. Me duele mucho un diente. Voy a tener que llamar la atención para que me revisen —subió las escaleras y se paró junto a su plato de comida a maullar.

—Yo creo que Bolito tiene hambre —dijo Danita.

—No puede ser. Tiene el plato repleto de comida —comentó Betty al mismo tiempo que abrió la puerta de la cocina para echar un vistazo al minino.

—Entonces debe ser otra cosa —Tomy se levantó de la mesa a verificar a Bolito.

El minino comenzó a maullar de manera repetida y corta cuando Tomy salió al balcón. Le quería comunicar que algo le estaba sucediendo. El joven lo conocía muy bien y sabía que él no dejaba su platito de comida lleno. Si no estaba comiendo, algo andaba mal.

—Ven, Bolito. Vamos a revisarte la boca —se sentó en el sofá de madera y subió al minino.

Tomy acariciaba la cabeza y frente del felino para que no se sintiera incómodo. Luego le abrió la boca y miró su lengua, su paladar y sus dientes. ¡Ahí estaba el problema! Tenía un diente podrido. Le dolía tanto, que no podía comer.

—Ya sé lo que le sucede. Tiene un diente podrido. Hay que llevarlo al veterinario. El pobre debe estar retorciéndose de dolor cada vez que intenta comer —le acarició el cuello al felino—. Estamos a tiempo de llevarlo. Vamos a terminar de comer y salimos. Danita, tú tienes que estudiar. Mamá, ¿me acompañas?

—Sí, mi amor. Vamos nosotros para que Danita pueda estudiar tranquila —se fue al cuarto a cambiarse de ropa.

—Pobre Bolito. Le debe doler mucho para haberse quejado —dijo Danita mientras comía.

—Sí. Es que él es tan valiente. De seguro aguantó lo más que pudo —observaba al minino lamer su cola—. Ese gatito es muy especial —Betty interrumpió a Tomy.

—Ya estoy lista. Vámonos —besó a su hija—. Llamaré a Tomás de camino, pero si no lo encuentro, le cuentas lo que sucedió.

Dana continuó estudiando por un largo rato hasta quedarse dormida sobre los libros. Despertó cuando escuchó a Norberto, que se encontraba en el balcón, maullando para que le abrieran la puerta.

—Está oscuro. ¿Cuánto tiempo estuve dormida? —se recogió el cabello y se cubrió el rostro con su mano derecha—. Con el miedo que me da la oscuridad —notó que su padre no estaba en la casa—. Vamos, Norberto. Entra tú también, Mily. No te quedes sola afuera.

Danita aseguró las puertas de la casa y verificó que Pinti estuviera en la habitación de su hermano. Luego se dirigió a su puerta, y cuando la abrió, Soky la recibió reclamándole su ausencia. Mily y Norberto entraron.

—Perdón, Soky. Estaba estudiando. Voy a recostarme. ¿Quieren dormir los tres conmigo? —los tres mininos se subieron a la cama y se pegaron al cuerpo de la joven.

El ruido del automóvil de Tomy despertó a Danita. Los mininos siguieron durmiendo mientras ella intentaba salir de la cama sin moverlos. Norberto estaba pegado a su espalda, Soky en su pecho y Mily en sus pies. Al final terminó despertándolos a todos.

—Perdonen. Ya llegaron Mamá, Tomy y Bolito ¡Vamos a ver qué le hicieron! De seguro regresó con un diente menos.

Dana salió de su cuarto seguida por sus mininos. Encendió las luces de la sala y la cocina, y abrió la puerta para recibir a su familia. Bolito se fue directo a la butaca y comenzó a maullar como si estuviese contando lo que sucedió.

—Bolito, ¿cómo estás? ¿Te quitaron un diente? —sonrió notando que su madre y Tomy estaban muy serios.

—Danita, ven un momento —la joven se acercó a su hermano—. Le sacaron el diente, pero encontraron algo raro —Dana miró a su madre.

—¿Qué pasa? —preguntó la joven con el pulso acelerado.

—Tiene un tumor en el espacio que quedó luego de la

extracción —el joven miró hacia el suelo—. Hay que llevarlo lo más pronto posible al hospital del doctor Monge. Se irá conmigo mañana, y el lunes lo llevaré para que lo revisen.

—¿Tú crees que sea...? —Betty interrumpió a su hija.

—Vamos a esperar a que lo examinen. No vamos a pensar nada malo —Danita y su hermano intercambiaron miradas de lamento.

—Está bien, Mamá. Me imagino que hay que darle comida blanda, ¿verdad? —preguntó Dana al mismo tiempo que Tomy extraía unas latas de comida de un bolso.

—Sí, le compré estas. De seguro le gustan, pero hoy no creo que quiera comer. Le sacaron el diente y debe sentir dolor. Me lo voy a llevar a dormir conmigo y con Pinti. Y por supuesto, Mily también —el joven salió al balcón para acariciar a los mininos.

Betty colocó dos cajas vacías en el suelo del cuarto de Tomy para que Mily y Bolito durmieran en ellas. Pinti era muy celosa y no quería que nadie se subiera a la cama con ella y con Tomy. Danita se metió a su cuarto a llorar luego de ver el rostro de tristeza de su hermano mientras acariciaba la cabeza de Bolito. A casi dos años de la muerte de Spongy, no podía creer que era muy posible que se fuera a repetir la historia. Se limpió la cara cuando escuchó que tocaban a la puerta.

—Pasa —tomó un libro para fingir que estudiaba.

—Danita, ¿Tomás no llegó a la casa mientras estuvimos fuera? —Danita movió su cabeza indicando que no—. ¿Lo llamaste?

—Lo llamé dos veces y nunca contestó. No quise insistir. Ya me imagino en dónde anda —Danita bajó la cabeza y no comentó nada sobre su padre.

—¿Crees que tenga lo mismo que le dio a Spongy? —preguntó la chica para cambiar el tema.

—No quiero pensar en nada negativo, Danita. A lo mejor es un tumor benigno. No nos precipitemos —escucharon el ruido de un vehículo—. Ese debe ser Tomás —abandonó el cuarto de su hija.

Danita salió de su habitación para acompañar a Bolito y a Tomy. Necesitaba estar cerca del felino. Cuando llegó al balcón, no vio a nadie. Luego recordó que Tomy dijo que iba a meterlos a su cuarto. Se quedó unos minutos en el balcón, mirando las estrellas, que se proyectaban hermosas en aquella montaña libre de contaminación lumínica. A veces le daba miedo observar el firmamento. Se sentía indefensa, pequeña.

—Seguramente a Bolito no le da miedo mirar el firmamento, y es más pequeño que yo —pensó antes de abandonar el balcón para visitar a su hermano en su recámara.

La joven tocó a la puerta del cuarto de Tomy. Pasó y encontró a Bolito dentro de una de las cajas de zapatos, pero Mily se había subido a la cama y a Pinti no le gustaba la idea. Bolito se las había ingeniado para entrar en una caja más pequeña que él. Tal vez el mayor problema sería salir de la caja.

—Él no cabe en esa caja —Bolito maulló y Dana se echó a reír—. Perdón, Bolito. No te estoy diciendo gordo. Es que de verdad no cabes. Ven conmigo. Súbete a la cama. Pinti tiene que aprender a compartir.

Tomy sonreía al ver a su hermana pinchar la caja de zapatos con sus pies para poder liberar al pobre felino. Se lo echó encima y le dio un abrazo. Bolito recostó su cabeza del pecho de la joven, y esta cerró los ojos y sintió la respiración del minino. Era lenta y suave. Cualquier persona con un insomnio severo se hubiese podido curar al sentir la paz que despedía Bolito.

—Eres un gato tan bueno —lo colocó en la cama y él caminó hacia donde estaba Tomy.

—El veterinario le dijo eso mismo: eres un gatito tan bueno. Es que no se equivoca. Él es algo sobrenatural. Y no es por el hecho de que sea un gato. Yo no establezco diferencias entre ellos y nosotros. Todos somos animales, pero la verdad es que yo no he conocido a un ser más noble y bondadoso que Bolito. Y esos ojos... Parece como si hubiese vivido tanto —le tomó el rostro con las dos manos y miró los hermosos ojos del minino.

—Se parece a Papá Tom —Tomy miró a su hermana y luego volvió a mirar al gato.

—Es cierto. ¿Te refieres a la forma del rostro? —preguntó

lleno de curiosidad.

—En su rostro, en lo mucho que conoce este lugar, en el apego que tiene con el *jeep* de Papá Tom, y en el amor que siente por ti. Nos quiere a todos, pero al igual que Papá Tom, por ti siente algo especial. ¿No te parece extraño que las tres veces que nuestro padre lo echó de la casa, pudiera regresar sin problemas? —Tomy dejó de acariciar al minino y se quedó mirando a su hermana.

—¿De verdad crees esto o estás bromeando? —sonrió a medias.

—Bueno, no sé. Me parece curioso nada más —Bolito comenzó a maullar repetidas veces, se bajó de la cama y se sentó frente a la puerta.

—Parece que quiere ir al baño —comentó Tomy—. Bolito, puedes usar la caja de Pinti —la minina le lanzó una mirada de disgusto a Tomy—. Mejor no. Vamos, yo te acompaño.

—Yo buscaré una caja de cartón más grande y la rellenaré de arenita para él y para Mily. A ver si Mily aprende a usar la caja de una vez y por todas —Pinti se bajó de la cama y le dio un coscorrón a Mily—. ¡Pinti, no le pegues! —Pinti pegó su cuerpo de las piernas de Danita en señal de cariño—. Ahora me haces cariñitos para que no te regañe, ¿eh? Gata lista —la cargó hasta la cama—. Ven, Mily, te voy a peinar.

Los hermanos estuvieron hasta tarde compartiendo con los mininos y riéndose de los celos de Pinti con Mily, y la poca importancia que la última le daba a todo. La felina de ojos azules estaba feliz de dormir dentro de una habitación. Tomás y Betty no querían que entrara a la casa porque tenía una tendencia a orinar todo lo que se encontrara a su paso. No le gustaban las cajas de arenita para gatos. A veces las usaba, pero prefería el suelo. Betty pensaba que, a lo mejor, cuando convalecía, se acostumbró a hacer sus necesidades en el suelo y por eso no le gustan las cajitas. Ese no era exactamente el caso.

—Mily, usa la caja. No le vayas a ensuciar la recámara a Tomy —le decía Bolito mientras Tomy dormía—. ¿Qué te cuesta usar la caja?

—Es que se me queda arena pegada a los pelillos de mis patas. Luego dejo el piso todo lleno de arena —se colocó en posición para orinar en el suelo.

—¡Mily! ¡No! Por favor, no lo hagas. Tomy se podría levantar y resbalarse en tus orines, y caerse. Vamos, aguanta un poco. Vas a ir a la caja o yo mismo te llevo —empujaba a la minina hacia la caja.

—¡Está bien! ¡Está bien! Ya voy —Tomy se despertó y notó la pelea mientras Pinti dormía de forma placentera.

—Bolito, Mily... ¿qué sucede? ¿Ustedes dos peleando? —vio a los dos mininos al lado de la caja de arena: Mily a punto de entrar y Bolito a su lado, con la pata derecha levantada—. Bolito, deja que Mily use la cajita tranquila. No le vayas a pegar. Tú no eres así. ¿Qué pasa? ¿Quieres ir al baño? Ven, yo te llevo al patio —Mily se metió a la caja y orinó mientras Bolito tuvo que salir con Tomy y fingir que orinaba en la jardinera de Betty.

Luego de la pelea, y de que Mily le pidiera disculpas a Bolito por hacerlo quedar mal, se quedaron dormidos. Pinti dormía en la cabeza de Tomy, pero casi con un ojo abierto para vigilar que ningún otro minino se subiera a la cama.

La noche pasó por desapercibida. La mañana fue más fugaz aún. Parecía como si el deseo de Tomy se le hubiese cumplido: que el tiempo pasara rápido para que el doctor Monge pudiera examinar a Bolito. Pues en menos tiempo de lo que imaginaban, ya Tomy estaba montado en su vehículo para salir con su querido gatito, que estaba dentro de una jaula amarrada con el cinturón de seguridad en el asiento del pasajero.

Los hermanos tenían miedo. Betty siempre guardaba la esperanza de que fuese un tumor benigno u otra condición inofensiva. Lo que ella ignoraba era que el doctor Rosa no fallaba nunca en sus sospechas. Y eso era lo que Danita y Tomy tenían en su cabeza. Tenían miedo de perderlo, como sucedió con Spongy.

—Bueno, Bolito. Mañana te verá el veterinario. Lo bueno es que al parecer estás a tiempo —encendió el vehículo y se marchó.

Tomy estuvo hablando con Bolito durante todo el camino.

Él le contestaba con su peculiar maullido. A veces se quedaba dormido y despertaba maullando de manera desesperada, como si tuviera pesadillas. Tomy lo consolaba y le decía que todo había sido un mal sueño.

—Te dejaría fuera de la jaula, pero creo que estás más seguro ahí adentro. Hay que pensar en todo, Bolito. Tú, de seguro, siempre piensas en todo. Eres perfecto.

—¡Miau!

—Exacto. Tú mismo lo sabes —tocaba la nariz del minino a través de la rejilla de la puerta de la jaula.

—Miau —un maullido más suave.

—Yo también te amo, Bolito —se limpió los ojos antes de que salieran las lágrimas—. Ya estamos llegando. Hoy duermes conmigo acurrucado.

El minino se acurrucó en la cama junto a su querido Tomy. Se despertó dos veces para usar su baño. Luego se subió a la cama, pero antes de quedarse dormido, contemplaba el rostro del joven. Le acercaba la nariz a los ojos, lo observaba y suspiraba.

—Estoy tan orgulloso de ti —dijo el felino para sí antes de quedarse dormido nuevamente.

Tomy despertó en la mañana y lo primero que vio fue el rostro de su gatito. Estaba todavía dormido, pero se despertó con el movimiento de la cama. Maulló y se bajó para usar el baño. Tomy preparó su desayuno y le sirvió comida húmeda a Bolito. Entre sus típicos maullidos cortos y repetidos, se comió toda la porción. Eso hizo que Tomy se sintiera muy feliz. Si tenía apetito, era una buena señal.

—Bueno, Bolito, vamos a llevarte a donde el doctor Monge. Ya quiero saber qué es lo que tienes —lo metió en la jaula y salió en su vehículo con él.

Tomy llevaba dos años sin saber nada del doctor Monge. A pesar de que era un veterinario muy agradable, visitarlo era sinónimo de que el paciente no estaba bien. Por otro lado, era un excelente médico. Sabía que el minino iba a estar en buenas manos. Cuando llegó a la clínica, se dio cuenta que era el único cliente. Eso le dio alivio porque sabía que lo atenderían enseguida. Y así fue. No tuvo que esperar mucho. Pasó a una sala con Bolito y esperó al doctor.

—¡Buenos días! ¿Cómo estás? —el doctor Monge entró a la sala de examen ofreciéndole un enérgico saludo a Tomy.

—Estoy bien, doctor. ¿Cómo está usted? —le estrechó la mano.

—Muy bien, gracias. Creo que llevo exactamente dos años sin verte. ¿Sigues trabajando en la compañía de ingeniería? —le sonrió.

—Sí, sigo en el mismo lugar. Creo que el año que viene regresaré al área oeste para estudiar una maestría. Ya veremos — Bolito maulló.

—Qué bueno. Pues te deseo el mayor de los éxitos —miró la jaula—. ¿Y a quién me traes hoy? —asomó su cabeza por la rejilla y Bolito volvió a maullar—. ¡Qué maullido tan diferente! ¿Es un felino tranquilo o hay que restringirlo? —colocó la jaula en la mesa de acero inoxidable.

—Es muy bueno. El sábado le notamos una muela dañada y el doctor Rosa se la extrajo, pero le encontró un tumor en el espacio vacío —el doctor escuchó atento a Tomy y luego removió a Bolito de la jaula.

—Vamos a ver. Aquí dice que se llama Bolito. ¡Qué lindo nombre tienes! —le abrió la boca y lo examinó con la ayuda de una lucecita—. Voy a pedirle a mi asistente que venga para hacerle unas radiografías —se retiró por unos segundos y regresó con un asistente para llevarse al minino.

Tomy sentía miles de nudos en su estómago. Tenía mucho miedo de las noticias que el doctor le fuese a dar sobre el minino. Pudo notar en el rostro de Esteban Monge algo de preocupación cuando vio el pequeño tumor en el espacio que le pertenecía a la podrida muela. Durante la espera pensaba en Spongy y todo lo que sucedió. No quería vivir la misma experiencia con Bolito. Le aterraba pensar que podía perderlo. Sin embargo, le tocaba esperar. Optó por intentar dejar de pensar para concentrarse en la puerta de la sala de examen, que en cualquier momento se iba a abrir y traería con ella las noticias que estaba esperando.

Sentía que tardaban demasiado, pero al mirar su reloj, entendía que su ansiedad le jugaba trucos con el tiempo. Tan solo habían pasado unos cuantos minutos. Cerró los ojos. Los abrió inmediatamente porque la puerta se abrió. Era el asistente del doctor Monge. Tenía a Bolito envuelto en una toalla. Lo metió en la jaula con mucho cuidado.

—El doctor Monge ya viene. Se portó muy bien. Me sorprende. Es un gatito bien tranquilo —Tomy sonrió.

El asistente abandonó la sala. Tomy quedó sumido en otra espera, y más ansioso, porque sabía que ya los exámenes estaban listos. Nada más faltaba que el doctor le dijera los resultados. Sacó a Bolito de la jaula y lo puso en sus piernas. Pasaba su mano por el espinazo del felino y se sentía más relajado. Esa acción no permitió que el tiempo y la ansiedad le siguieran jugando trucos. Sabía que era muy probable que le dieran malas noticias. Lo podía sentir, pero tenía a su minino con él, todavía con ánimos de comer y con unas admirables ganas de vivir. Observaba el pelaje del animalito hasta que el doctor abrió la puerta del cubículo. Sonrió al ver al felino tan tranquilo acostado sobre las piernas de Tomy.

—Estoy sorprendido. Nunca había atendido a un gatito tan bueno. ¿Siempre es así? —acomodó una radiografía en la pared.

—Sí. Es bien tranquilo —trasladó su mirada hacia la radiografía.

—Bueno, Tomás. Tienes que saber que Bolito tiene cáncer —Tomy sintió que le patearon el estómago y el corazón.

—¿Qué se puede hacer? ¿Se puede curar? —preguntó intentando no sonar desesperado.

—No es algo que deba operarse. Esto es bien agresivo. Conviene darle quimioterapias, pero no vamos a operarlo. No quiero que vaya a desmejorar como sucedió con Spongy.

—¿Cuánto tiempo le quedaría de vida? —preguntó con su voz medio quebrada.

—Con el tratamiento, podría vivir unos dos o tres meses más —Tomy tragó—. Haremos lo que nos indiques.

—Si el tratamiento lo va a ayudar a tener una buena calidad de vida, aunque sea por dos o tres meses, pues adelante.

—Lo siento mucho, Tomás. En estos casos tan agresivos y por el lugar en donde se encuentra, no es conveniente operar. Además, van a seguir apareciendo más tumores. Su boca va a sufrir y luego su nariz. Vamos a darle una buena vida. Lo importante es que no sufra. ¿De acuerdo?

—De acuerdo, doctor. Gracias —le estrechó la mano.

Tomy se excusó para faltar a su trabajo y ese mismo día le administraron el primer tratamiento a Bolito. Llamó a Danita para contarle. La joven se encontraba en la universidad.

—Danita, estoy en la clínica del doctor Monge con Bolito —su respiración estaba agitada.

—Tomy, no estás bien. ¿Qué te sucede? ¿Estás llorando? —Danita empezó a hiperventilar.

—Ahora mismo están preparando a Bolito para darle quimioterapia. Tiene cáncer y le quedan de dos a tres meses de vida. Danita, estoy destruido —Dana guardó silencio por un momento y luego lloró junto a su hermano.

—¿Ya se lo contaste a Mamá?

—No. Voy a colgarte para llamarla. Sé que espera mi llamada.

—Está bien. Hasta luego.

—Hasta luego —Tomy colgó.

***

Los mininos se enteraron de la condición de Bolito cuando escucharon a Betty hablar con Tomy. Norberto la escuchó llorar y salió a contarles a los demás felinos.

—¿Tres meses, Tomy? ¿Tan mal está? —preguntó la mujer entre sollozos.

—Al parecer sí, aunque no se ve mal. Me sorprenden las ganas de vivir que tiene. Esta mañana se comió su desayuno como si fuera el último —se detuvo a suspirar—. El tratamiento será de quimioterapias.

—¿No lo van a operar?

—No. Es mejor tratarlo. Operarlo es un riesgo que no me quiero volver a tomar. Ya viste lo que sucedió con Spongy. Tal vez dándole los mejores cuidados pueda llegar a los tres meses sin sufrimiento —se le quebró la voz.

—Mi amor, lo siento mucho. A dos años de que le descubrieran el cáncer a Spongy, ahora le tocó a Bolito. Me parece hasta increíble. ¿Te reconoció el doctor? —preguntó intentando cambiar un poco el tema.

—Sí, me reconoció. Y me dijo que Bolito es un gatito bien bueno.

—Es que es un angelito.

—Mamá, tengo que colgar porque quiero saber cómo va todo con Bolito.

—Está bien mi amor. Me mantienes al tanto.

—Adiós —Tomy colgó.

Norberto se fue a casa del vecino para decirle a su hermana Pinti que se reuniera con los demás en el balcón. A Betty le extrañó ver a la minina junto a los otros, pues era natural que estuviese en la habitación de Tomy o en casa de su amigo, el vecino.

—Tengo que contarles algo de Bolito —Mily se sobresaltó.

—¿Qué sucede? ¿Qué sabes? —preguntó la minina, ya angustiada.

—Escuché a Betty hablar con Tomy, y se puso a llorar. Mencionó la palabra cáncer y antes de salir a buscarlos escuché algo de que le quedaban solamente tres meses —las gatitas lo miraron e inclinaron sus cabezas.

—¿Qué cantidad de tiempo pueden ser tres meses? —preguntó Pinti preocupada.

—No sé, pero sé que el número tres es muy pequeño. Bolito es el que nos puede contestar eso. Él siempre tiene una respuesta para todas nuestras preguntas. ¿Qué vamos a hacer si se nos muere? —el minino se tumbó al suelo y apoyó su barbilla en su pata delantera derecha, acompañado por las felinas.

Betty se sentó en la mesa del comedor a meditar. Por una de las ventanas vio a los cuatro mininos tumbados en el suelo, con rostros tristes. No tuvo que pensar demasiado para entender que de alguna manera ya sabían que Bolito partiría pronto.

—Ay, querido Bolito. Ojalá y los tratamientos te dejen vivir más de tres meses con nosotros —pensó.

EL PRIMER MILAGRO

No se sabe si fue el tratamiento, o los deseos de todos de que Bolito no los dejara, o sus mismas ganas de vivir, pero el valiente minino sobrepasó los tres meses. Todos estaban felices y sorprendidos. No dejaba de comer ni de ser un buen gato. No se quejaba. Seguía cuidando de los demás. Tomy se lo llevaba a su apartamento cuando le tocaban las citas para su tratamiento, pero luego lo regresaba a la casa con Betty. Bolito se sentía mejor en la casa y Betty estaba cuidando de él muy bien. Le cocinaba todos los días al felino. Tomy se lo había encargado porque quería que comiera lo mejor.

Tomás se había ido a vivir a casa de su madre para poder encontrarse libremente con su amante, una feligresa que había sido muy amiga de Betty. Así que la madre de los chicos decidió dedicarse al minino. El abandono de Tomás fue un momento crítico y destructor para ella, pero cuidar al gatito la hacía olvidar los problemas. Sentía que había una vida que dependía enteramente de ella.

Bolito estaba enfermo, pero no dejaba de transformar las vidas de los más necesitados. Había ayudado a muchos seres humanos y animales. Y ahora, cuando tal vez no le quedaba mucho tiempo, se estaba ocupando de que Betty no perdiera las ganas de seguir existiendo. Le había dado un propósito a una mujer que pensaba que lo había perdido todo.

—Bueno, querido Bolito. Ya tu salmón está listo. Recuerda que debes comerlo todo para que no te pierdas el medicamento —Bolito no contestaba al llamado de Betty—. Bolito, mi amor, ¿te escapaste al balcón? —el minino seguía sin contestar.

El corazón de Betty le comenzó a latir muy rápido cuando miró hacia el patio y vio que Bolito tampoco estaba en su lugar preferido. Lo buscó en la parte de atrás de la casa, en el *Jeep* del abuelo Tom, en el cuarto de estudio y volvió a buscarlo por toda la casa. Lo último que se le ocurrió fue salir a la calle. Norberto la notó preocupada y la acompañó en la búsqueda.

—Norbertito, mi amor. Ayúdame a buscar a Bolito, por favor. ¡Bolito! ¡Bolito! —lloraba desesperada.

—¡Miau! —el maullido de Norberto llamó la atención de Betty.

—Norberto, ¿qué pasó? ¿Lo encontraste?

Betty corrió hasta la entrada de casa del vecino amigo de Pinti. Bolito estaba al lado de los botes de basura, tirado. Betty asumió que se cayó desde la colina. Lo tomó en sus brazos y lo cargó hasta la casa, acompañada de Norberto. Se sentó en un sillón de la sala y lo colocó sobre sus piernas. Mientras mecía el sillón comenzó a cantarle. El pobre minino estaba asustado. Cuando lo calmó, lo colocó en el suelo para saber si podía caminar. Estaba caminando bien. Se fue a su plato a comer su comida. Norberto se le acercó.

—Norberto, no vayas a comer de esa comida. Está medicada —Betty se levantó para servir un plato con un poco de salmón a Norberto y luego se metió al cuarto de Dana.

Bolito comía poco a poco su comida. Ya el cáncer le estaba afectando mucho su boca, pero él no se rendía. Norberto lo observaba. Comía lentamente también para que su amigo no se sintiera mal.

—Sé lo que estás haciendo, pero no hace falta —dijo Bolito.

—¿Qué estoy haciendo? —preguntó el inocente minino.

—Estás comiendo de manera lenta para que yo no me sienta mal. No me siento mal. Disfruta ese salmón que comes gracias a mí.

—Sí que está rico. Bueno, el tuyo tiene medicinas. ¿Te daña el sabor? —preguntó, curioso.

—No. Apenas se sienten. Me lo estoy disfrutando tanto como tú.

Bolito mintió. El salmón sabía a medicinas, pero no quería que el pobre Norberto se sintiera mal. Además, él sabía que su querido Tomy deseaba que comiera y viviera. ¿Cómo podía negárselo? ¿Y cómo podía negarse él la oportunidad de seguir viéndolo convertirse en un ser humano tan generoso, tan inteligente y tan noble? Estaba tan orgulloso de él, de su Tomy.

—¿Qué hacías tirado en los botes de basura? —preguntó Norberto.

—Me caí. Es que estaba sentado meditando y me acerqué al borde de la colina a mirar de cerca unas plantas que no había visto antes. Sentí como un mareo y me caí —Norberto se le acercó para examinarlo.

—¿Estarás lastimado? —seguía observándolo.

—No, para nada. La verdad es que rodé por la colina. Todavía estoy un poco gordo. Luego, me quedé allí medio dormido. No me dieron ganas de levantarme.

—¿Por qué? —el minino se sentó e inclinó la cabeza para mirarse sus patas delanteras.

—Es que me siento cansado. Ya no es lo mismo —terminó de comer y se acostó al lado del plato vacío—. Mi cuerpo está sufriendo la enfermedad. Además, las medicinas me provocan unos efectos muy malos.

—¿Cuánto tiempo estarás con nosotros? —preguntó el minino con una mirada triste.

—No lo sé. Yo quiero vivir, y ojalá y lo pudiera hacer para siempre. Voy a resistirme a la muerte lo más que pueda —suspiró—. Estoy cansado, amigo. Voy a dormir en el sofá. Si quieres, me puedes acompañar.

Betty salió de la recámara de Dana y encontró a los dos mininos acostados sobre el sofá. El tapizado de flores le daba la impresión de verlos en la jardinera. Echó un vistazo al balcón y notó que Mily estaba frente a la puerta de vidrio maullando, pero como su maullido era tan suave, apenas la escuchaba.

—Ven, mi amor. Ya acomodé la camita y cajita en el baño —le abrió la puerta—. Bueno, ya están todos dentro de la casa. Soky se duerme conmigo, Pinti ya está en el cuarto de Tomy —apagó las luces y se fue a dormir a la habitación de Danita.

***

Ya habían pasado cinco meses desde el diagnóstico. Bolito seguía luchando por vivir. Había llegado la hora de otra cita con el doctor

Monge. Tomy fue a la casa un viernes en la noche para poder pasar el fin de semana junto a su madre, los mininos y su hermana. Danita también regresaba los viernes después de pasar toda la semana en un apartamento que compartía con una compañera de estudios. Los chicos ayudaron a su madre a cocinar algo rico. Tomy le cocinó el salmón a Bolito y lo acompañó hasta que terminó de comerlo, y le convidó a Norberto, que vigilaba desde lejos. También aprovechó para conversar con Bolito sobre el susto que le hizo pasar a Betty, cuando se cayó por la colina.

—Bolito, me contaron que te caíste por la colina. Te pudiste haber hecho daño. Tienes que mantenerte cerquita porque si te sucede algo malo, yo creo que todos vamos a morir de tristeza —tomó al minino en sus brazos y lo acercó a su pecho—. ¡Un besito en la frente! —Bolito maulló en respuesta al beso.

La interacción de Tomy con Bolito ameritaba que el tiempo se detuviera y el mundo tuviera la oportunidad de verlos. Ellos eran el ejemplo vivo de que el amor trasciende las formas y los cuerpos. La mirada del felino brillaba cuando tenía a Tomy cerca.

—Mami, ¿todavía se acuesta en el *Jeep* de Papá Tom? —preguntó Tomy, curioso.

—A veces se acuesta en el asiento del conductor. Claro, la mayor parte del tiempo se la pasa dentro de la casa o en el balcón con Mily —contestó la madre mientras sacaba tres platos de la alacena.

—Es curioso que Papá Tom haya muerto de cáncer en la garganta, ¿verdad? —Tomy se le quedó mirando a su hermana y luego a su madre con cara de sorpresa.

—Es cierto. Casualidades, supongo —comentó Betty—. ¿Qué pasa, Tomy?

—Mami, ¿estás colocando en la mesa tres platos con comida? —Betty sonrió.

—¿Vas a comer con nosotros? ¡No puede ser! —dijo Danita haciendo reír a su madre.

—Por favor, no sean exagerados. Yo siempre como.

—No, Mami. Comes una tontería de pie frente al mostrador

de la cocina. Nunca te sientas a la mesa. Esto es como un evento astronómico, que se repite una vez cada cierto tiempo —decía Tomy mientras ayudaba a su madre a servir el agua.

No fue un fin de semana malo, a pesar de la tristeza de Betty por la ausencia de Tomás y por la condición de Bolito. Estaban viviendo un día a la vez. Dana comió y repitió. Ver a su madre sentada a la mesa era un evento que ameritaba que ella también hiciera algo inesperado.

***

Tomy se llevó a Bolito el domingo, y el lunes estuvo en su cita con el doctor Monge. No dejó de sorprenderlos por sus ganas de vivir, pero no podían ignorar que su boca estaba sufriendo por el cáncer. La verdad es que no sabían lo que iba a suceder. Seguía esforzándose para comer y tomar sus medicinas sin protesta alguna, pero ya no se le veía tan gordo como antes. Claro, el cambio de dieta se estaba evidenciando.

El felino pasó la noche muy contento con Tomy en el apartamento. Lo acompañó a ver televisión, a leer y hasta estuvo cerca de él mientras verificaba unos diseños para su trabajo. Se sentía orgulloso de su Tomy y no quería perderse nada de lo que este lograra.

—Bueno, Bolito. Vamos a dormir porque mañana me levanto temprano para trabajar. Te voy a dejar la puerta del cuarto abierta por si quieres salir a la sala —se acostaron y Tomy quedó profundamente dormido.

Bolito se despertó con un maullido de un gato que parecía ser de poca edad. No era un maullido tranquilo. Pedía ayuda y estaba desesperado. Bolito salió a la sala y se acercó a la puerta de la entrada del apartamento. Al parecer Tomy olvidó cerrarla y hasta se había quedado medio abierta. El valiente felino salió a socorrer al pequeño.

—¿En dónde estás? —preguntaba mientras buscaba bajo los vehículos.

—Aquí, en la alcantarilla. No alcanzo a salir. Me escapé de mi casa para jugar y me caí aquí adentro. ¡Ayuda! —Bolito localizó el lugar.

—Está muy alto. Échate a un lado. Voy a entrar para ayudarte —el minino se lanzó a la alcantarilla.

—Es que eres muy pequeño. Si te subes sobre mí, vas a poder salir. Anda, súbete y yo te llevo al borde. Tendrás que saltar, pero vas a llegar —se agachó para que el pequeño felino se subiera a su espinazo.

—¿Cómo te llamas? ¿Qué te pasa en la boca? —preguntó el curioso.

—Me llamo Bolito. Estoy enfermo y por eso mi boca está así. ¿Cómo te llamas tú?

—Soy Jack. Me adoptaron hace tres semanas —contestó con orgullo.

—¿Te quiere mucho tu familia? —preguntó Bolito mientras se balanceaba para que el minino no se cayera—. Agárrate bien.

—Me quieren muchísimo. Tengo muchos juguetes y mucha comida.

—Entonces eres tan afortunado como yo. Si tienes tantos juguetes, quédate jugando con ellos y no angusties a tu familia. ¿De acuerdo? —el minino pensó en el consejo de Bolito.

—Está bien. No lo haré más. ¿Podrás salir tú? Esperaré a que salgas.

—No me esperes. En cuanto saltes, corre a tu casa. Yo puedo salir, pero no si tú te quedas mirándome.

—Bueno, pues yo me voy a mi casa y tú saltas y te vas a la tuya —dio un gran salto que lo llevó fuera de la alcantarilla.

—¡Muy bien! Ahora, a tu casa.

—¡Gracias, amigo! —el pequeño se alejó y llegó sano y salvo a su hogar.

Bolito sabía que en su estado y con lo cansado que se sentía se le haría difícil salir de la alcantarilla, pero necesitaba hacer el intento para regresar. Si Tomy no lo encontraba se iba a morir de angustia. Saltó una vez, dos veces, pero no pudo salir. Luego sintió perros ladrar y muchos carros pasar. Tanto ruido lo aturdió y comenzó a temblar. Tuvo que quedarse toda la noche en ese horrible espacio. Salió el sol y todavía estaba muy asustado y aturdido para salir. Rogaba ser auxiliado. Cerró los ojos para olvidar que se encontraba en ese lugar. Entonces escuchó unos gritos desesperados.

—¡Bolito! ¡Bolito! ¡En dónde estás! —la voz quebrada en sollozos de Tomy lo sobresaltó.

—¡Miau! ¡Miau! —Tomy escuchó.

—¡Sigue maullando, Bolito! ¡Necesito llegar hacia ti! —el maullido lo llevó hasta la alcantarilla.

Tomy sintió que se quebró cuando vio al pobre minino metido en la alcantarilla, muy asustado. Eso hizo que llorara más. Se agachó, lo agarró con sus manos y lo levantó. Lo abrazó con fuerza por miedo a que se le fuera a escapar. Caminó rápido, pero con cuidado hasta llegar nuevamente al apartamento. Bolito estaba muy avergonzado porque Tomy nunca iba a saber la razón por la cual decidió salir del apartamento. Tomy lo llevó hasta el cuarto y lo subió a la cama.

—Bolito, me vas a matar de un susto. Mi amor, ¿por qué te fuiste así? Y yo no sé cómo rayos olvidé cerrar la puerta. ¡Qué descuido! —cerró la puerta del cuarto y permaneció junto al asustado gato.

—Si no hubieses dejado esa puerta abierta, probablemente el pequeño Jack la hubiese pasado muy mal —pensó.

—Necesito estar seguro de que no estás herido —lo examinó minuciosamente—. Está todo bien. Debes tener hambre —le sirvió su comida y Bolito corrió a comerla.

Verlo con apetito lo tranquilizó. Bolito sabía que mostrar ese entusiasmo extra haría que se disipara la angustia de su querido Tomy. Terminó de comer y luego se fue a la cama a dormir. El joven se sentía aliviado y sabía que podía irse al trabajo tranquilo, pero verificando bien las puertas. Pasaron la semana en paz. No ocurrieron más escapadas, y cuando llegó el viernes, viajaron para que Bolito regresara a su casa hasta que le tocara la próxima cita médica.

NORBERTO

Ya había pasado un mes desde el susto de la alcantarilla. Bolito no se había vuelto a escapar a ayudar a un necesitado. Se encontraba con Tomy en el apartamento porque tenía otra cita con el doctor Monge. Estaba un poco preocupado porque escuchó una conversación telefónica de Betty con Tomy sobre Danita. La joven estaba estudiando en su apartamento y sufrió un mareo. En el hospital le descubrieron un tumor hemorrágico en uno de sus ovarios, y la iban a operar.

Era miércoles. Sabía que iba a tener que esperar hasta el viernes para ver a su querida niña. Aparte de Danita, le preocupaba Norberto. Norberto y Soky eran muy cercanos a Danita, pero Norberto vivía enamorado de ella. Para él, Dana era una diosa. Podía estar horas observándola, sin pestañear. Si algo malo le sucedía a la joven, el minino no lo iba a resistir.

—Mi querido amiguito Norberto debe estar tan confundido. Y yo no voy a estar ahí para calmarlo —pensó.

Bolito no se equivocaba. El pobre gato inocente estaba lleno de angustia y confusión. Betty tuvo que llamar a Tomás por teléfono para informarle la situación de Danita. Norberto escuchó la conversación a medias, y lo entendió todo mal. La operación era sencilla, pero tenían que hacerla en cuanto antes. La joven no podía terminar el semestre universitario porque tenía que guardar cama por dieciséis días después de la operación. Eso significaba que no iba a poder pasar esos días en el apartamento, porque era natural que Betty quisiera estar con ella. Estaría esos días en la casa, pero Norberto no entendió eso. Dos días antes de la cirugía escuchó la conversación telefónica de Betty y Tomás. Claro, él escuchó la parte de Betty solamente.

—Tomás, van a operar a Danita. Le descubrieron un quiste hemorrágico y el ginecólogo la quiere operar pasado mañana. La quería operar mañana, pero ella necesita hablar con sus profesores para que la excusen de sus exámenes finales —el silencio de Tomás desesperó a Betty.

—¿Es grave?

—No creo. De ser así, la operarían de emergencia, pero el médico se veía preocupado —Norberto la observaba muy atento desde el balcón.

—¿A qué hora la van a operar?

—Tiene que estar en el hospital a las seis de la mañana.

—¿Por qué detener el semestre de la universidad? —Betty se irritó un poco.

—Tomás, el médico le dijo que tiene que estar dieciséis días en cama. Luego de eso no puede hacer ejercicio fuerte por un mes —levantó un poco la voz.

—Está bien. Solo preguntaba. ¿Ella está contigo?

—Está en el apartamento, pero luego se irá a casa de Marla. Ella la va a llevar al hospital temprano, y yo la voy a estar esperando —el silencio de Tomás volvió a desesperar a Betty.

—La voy a pasar a visitar cuando concluya la cirugía. Por favor, me llamas.

—Está bien —Tomás colgó.

Cuando Betty colgó el teléfono, Norberto se subió al sofá de madera del balcón que quedaba pegado a las ventanas del comedor. Luego se las arregló para deslizar su cuerpo entre dos hojas de una de las ventanas. Llegó hasta la puerta de la habitación de la joven y comenzó a maullar.

—Norbertito, mi amor. ¿Qué te sucede? Te abriré enseguida la puerta —el minino estaba golpeando la puerta con su pata izquierda—. No seas impaciente. Ya, ve con tu hermana —cerró la puerta y se fue al balcón para llamar por teléfono Danita y saber cómo se sentía.

Norberto estaba muy agitado. Soky estaba dormida y ni siquiera le molestó todo el ruido que el felino hizo antes de entrar. Se subió a la cama y comenzó a pegarle en la cabeza a su hermana para despertarla. La minina, que era muy malhumorada, intentó morderle en el momento que despertó.

—¡Ay! ¡No me muerdas! —dijo Norberto alejándose de un salto.

—¡Me asustaste! Estaba soñando que me comía diez latas de paté —las pupilas de Norberto se dilataron.

—¡Diez latas! Con razón estás tan gorda —Soky se incorporó.

—¿Gorda yo? Me las comí en un sueño, no de verdad —le pegó en la cabeza con su pata derecha—. ¿Por qué interrumpiste mi sueño? —preguntó la molesta minina.

—Es que ha pasado algo muy malo. Acabo de escuchar a Betty hablar por teléfono con Tomás. Le decía que tienen que operar a Danita de... de algo que parece que es muy peligroso porque se va a quedar dieciséis días en el hospital. No va a poder estudiar. Y yo quiero irme con ella al hospital —se tumbó en la cama con su cabeza apoyada en una de sus patas.

—No puedes irte al hospital. Ni si quiera sabes en dónde es. Danita va a estar bien —se detuvo a pensar—. ¿Betty estaba llorando cuando hablaba con Tomás?

—No, pero se veía triste y preocupada. Y yo también lo estoy. Quiero estar con mi Danita. No voy a resistir tantos días sin verla. Dieciséis es un número grande.

—Bueno, eso sí, pero no puedes irte a buscarla. ¿Qué pasará si te pierdes? Me voy a quedar yo sola —le lamió las orejas al minino.

—No te vas a quedar sola. Yo voy a regresar con Danita. Confía en mí.

—¿Cuándo te vas?

—Mañana en la noche. Así me va a dar tiempo de llegar el miércoles al hospital. Me iré por los montes, como hizo Bolito en las historias que nos contó. Yo seré tan valiente como él —Soky guardó silencio—. Si no encuentro el hospital, cuando salga el sol, regresaré. Espérame en el descanso de la escalera.

—Está bien. Te voy a esperar —pegó su frente de la de su hermano y cerró los ojos.

Norberto estaba decidido a irse al hospital, y el único que

podía convencerlo de que no lo hiciera era Bolito, pero no estaba. Nadie lo podía detener.

El martes en la noche se fue a buscar un hospital que ni siquiera sabía en dónde quedaba. En su inocencia, pensaba que solamente existía un hospital en el mundo, y que ahí estaría Danita. Decidió entrar por la finca de Tomás y caminar cerca del río porque al parecer había escuchado en la televisión que los ríos conectaban los lugares.

—Si pudiera construir un barquito, me llevaría al hospital para ver a mi Danita —pensaba.

No estaba muy lejos de la casa. Se había detenido en un pequeño lago donde Tomás criaba peces. De momento le dio hambre. Soky le había advertido que comiera mucho antes de irse para que no sufriera hambre en el camino, pero no le hizo caso. Su desesperación por ir a buscar a la joven no lo dejó pensar bien. Entonces, vio algo que podía ser su salvación. Era un insecto raro que caminaba por el borde del lago. El felino se acercó y lo detuvo con su pata izquierda y luego con la derecha. Lo apretó lo más que pudo hasta que dejó de moverse.

—¡Bolito se sentirá tan orgulloso cuando le cuente lo buen cazador que fui durante mi viaje! Bueno, ahora a comer —acercó su rostro al extraño insecto—. Hueles bien.

El minino, lleno de orgullo, sacó la lengua para transportar al pequeño animal hasta su boca. Lo masticó un poco y luego lo tragó. Entonces, notó que ese no era el único insecto en ese lugar. Cazó cinco más y los comió. Ya se sentía satisfecho y listo para seguir su camino, hasta que comenzó a sentirse raro.

—¿Por qué siento tanto sueño? Rayos, estoy salivando y no me he dado cuenta. Voy a tomar un poco de agua del lago —se acercó al borde del lago y bebió tanta agua como pudo—. Creo que voy a descansar un poco para luego seguir mi camino.

Norberto se quedó dormido al instante y jamás despertó. Los insectos que comió lo intoxicaron. En su intento de ir al hospital para cuidar a Danita, terminó con su vida, y ahora la joven no lo volvería a ver. Soky se iba a consumir de tristeza. Y Bolito...

Bolito tendría que terminar la misión de Norberto: cuidar a Danita.

***

—Ya quiero que lleguemos a la casa —decía Danita mientras Betty conducía lentamente.

—Ya falta poco. No quiero conducir rápido porque cualquier movimiento te puede provocar dolor —dijo Betty sin perder de vista la carretera.

—Es cierto. Ay, es que quiero ver a los mininos. No he dejado de pensar en Norberto —Betty la interrumpió.

—Sabes que no lo vi esta mañana. No estaba en el cuarto.

—¿Cómo? Mami, Norberto siempre duerme en el cuarto a menos que salga tempano en la mañana. ¿Lo dejaste salir y no recuerdas? —la joven hiperventilaba.

—Cariño, no te agites. Estás recién operada. Yo lo vi anoche, pero recuerda que yo les dejo la puerta del cuarto abierta, y si ellos quieren salir, lo hacen usando las ventanas. A lo mejor salió, llegó en la mañana y se quedó afuera. Yo tenía la mente en ti en la mañana. Seguramente cuando lleguemos, estará esperándote en tu recámara.

Betty notó que sus palabras no calmaron a Danita. La veía desesperada y ansiosa. La joven presentía que algo le había sucedido a su amigo, y no se equivocaba. Cuando llegaron a la casa, Norberto no estaba en la habitación y Dana quiso salir a buscarlo.

—Dana, no puedes salir. Te operaron hoy —la madre intentaba hacerla entrar en razón.

—Yo no puedo estar tranquila si no lo encuentro. Voy a salir, aunque no pueda llegar tan lejos —le dolía el vientre.

Danita buscó por toda la casa, el patio y alrededores. Lo llamaba casi a gritos. Cuando Norberto escuchaba la voz de ella, corría inmediatamente a sus brazos. El hecho de que no sucediera eso, la hacía preocuparse más. Sabía que algo malo le había sucedido, pues Norberto era un gatito muy casero. Si se alejaba de la casa, era porque Bolito estaba con él y se aseguraba de que llegara sano y salvo.

—No va a volver... ¡No va a regresar! —subió las escaleras

para llegar a su recámara.

—Cariño, ya deja de subir y bajar escaleras. Te puedes caer. Norberto va a volver —la madre se sentía impotente ante la desesperación de Danita.

—¡No, Mamá! Siento que algo malo le sucedió a mi bebé. ¿Qué voy a hacer si no puedo llegar muy lejos? —entró a su habitación y se acercó a Soky—. Soky, ¿tú sabes a dónde se fue Norberto? —tomó a la minina en brazos.

—Danita, recuéstate. Yo voy a buscar a Norberto —Betty le extendió los brazos para que le entregara a Soky.

—Mamá, Norberto no ha respondido a mi voz. Él siempre responde, nunca se aleja. ¿Entiendes lo que significa esto? Algo que le ha pasado —se echó a llorar y corrió hasta el final del pasillo.

La joven abrió la puerta del final del pasillo, que conducía a las escaleras que culminaban en el cuarto de Betty. Sintió un apretón en el pecho, como si le hubiesen dado la peor noticia de su vida y comenzó a llorar. Se resbaló en uno de los escalones y se cayó. Se lastimó las heridas de la cirugía y se le llenó su vestido de sangre. Betty casi se desmayó cuando la vio tirada en las escaleras, y en ese estado.

—Mi amor, por favor. Trata de calmarte. No ayuda en nada que suceda esto —la levantó y la llevó a la cama—. ¿Te duele? Déjame verte —tenía los vendajes llenos de sangre.

—No me duele tanto —su madre la ayudó a quitarse el vestido—. Mamá, necesito que Norberto aparezca —Betty la miró a los ojos.

—Va a aparecer. Vamos a limpiarte para que te pongas tu ropa de dormir. Te vas a tomar la pastilla para el dolor y yo voy a salir a buscarlo. ¿De acuerdo? —le acarició el cabello.

—Encuéntralo, por favor.

Dana se quedó dormida hasta el otro día. Betty lo buscó en la noche del miércoles y no lo encontró. También lo buscó todo el jueves. Danita no paraba de dormir. Las medicinas para el dolor no la dejaban abrir los ojos. A Betty no le quedó más remedio que llamar a Tomás y pedirle que buscara al minino. Tomás salió a buscarlo el viernes en la tarde y encontró su blanco y peludo cuerpito a la orilla del pequeño lago. Se le partió el corazón ver a uno de sus gatos preferidos muerto. También sabía que su hija iba a sufrir tanto cuando se enterara, pero él no se lo iba a decir. Se lo diría a Betty para que ella le diera la mala noticia a su hija, y él regresaría a casa de su madre.

—Danita, mi amor... —Betty se sentó al pie de la cama donde se encontraba su hija.

—Mamá, ¿qué pasa? —Danita estaba cepillando su largo cabello.

—Cariño, tu padre encontró a Norberto —Danita suspiró y sentía los latidos de su corazón en su garganta—. Lo encontró muerto a la orilla de uno de los lagos.

—¡No! —lanzó el cepillo contra la pared—. ¡No! ¡Maldición! ¡No! ¡Mi bebé! ¡Mi pobre bebé! —Betty recogió el cepillo roto y lo colocó en la cama.

—Ven acá. Déjame abrazarte, mi pequeña princesa.

Danita estuvo un largo rato llorando mientras abrazaba a su madre. Betty tuvo que cambiar su blusa porque parecía que había caminado bajo la lluvia. Había llamado a Tomy para darle la mala noticia. El joven le dijo a su madre que él llegaría hasta el lago para recoger el cuerpo.

Bolito sentía su pequeño corazón destrozado. Escuchó la conversación telefónica entre Tomy y Betty. Sabía que Norberto no iba a tomar bien lo de la cirugía de Dana, y también sabía que, si él hubiese estado en la casa, lo habría podido detener. Cuando llegaron a la casa, Tomy fue directo al lago para recoger el cuerpo y Bolito fue al cuarto de Dana para hablar con Soky.

—¡Bolito! ¡Se ha muerto! Mi pobre hermano se murió —la minina se acurrucó en la cama y escondió su rostro entre las almohadas.

—Lo siento mucho, mi querida amiga —Bolito se quedó a su lado hasta que escucharon a Tomy llegar con el cuerpo.

—No quiero ver el cuerpo muerto de cerca. ¿Me acompañas al balcón para verlo desde arriba? —preguntó la minina.

—Claro que sí. ¿Pinti y Mily ya saben lo que sucedió?

—Sí. Pinti se escondió bajo la cama de Tomy cuando se lo dije y no quiere salir. Mily está en el balcón muy triste.

—Pues vamos a acompañarla —se bajaron de la cama—. Soky, Norberto está ahora junto a Spongy. ¿Lo sabes?

—Sí, lo sé. ¿Sabes? Él me dijo que lo esperara en el descanso de la escalera porque iba a regresar si no encontraba el hospital. Llevo dos noches en el descanso de la escalera. Hoy, aunque sé que no va a volver, lo voy a seguir esperando. Lo voy a hacer hasta el final de mis días —caminaron juntos hacia el balcón.

Danita se encontraba junto a su hermano frente a la jardinera donde hubiesen querido enterrar a Spongy. Como Tomás no se encontraba en la casa, pudieron decidir ellos el lugar de la tumba de Norberto. Betty intentaba no llorar tanto frente a su hija. Sentía que debía mantenerse fuerte para ella. Tomy lloraba sin parar mientras cavaba la tumba. Había envuelto el cuerpo en una sábana oscura para que Danita no lo viera, pues no estaba en las mejores condiciones. Bolito, Mily y Soky observaban el entierro desde el balcón en la parte alta de la casa. Tomy notó que Dana miraba mucho el cuerpo envuelto.

—Danita, es mejor que no lo veas. Ya huele mal y no se veía bien. Recuérdalo como era antes —Danita asintió.

Lo enterraron en el mismo centro de la jardinera más hermosa del patio. Se quedaron un largo rato observando la tumba y luego se metieron a la casa. La joven regresó a la recámara de Betty para recostarse. Bolito y Tomy se recostaron junto a ella. No hablaron nada, simplemente lloraron y recordaron en silencio al inocente gatito blanco. En la noche, Soky salió al descanso de la escalera para mirar hacia el horizonte. Cada día a la misma hora lo hacía, y todos aceptaban que ese acto por parte de la minina era una manera de recordar a su hermano.

CACHAO

Había pasado un mes desde la muerte de Norberto, pero Danita sentía que acababa de ocurrir. Conservaba un diario donde le escribía cartas al minino. Sufría cada vez que tenía que mirar las cicatrices de su cirugía porque le recordaban el horrible momento de la muerte de su mejor amigo.

—¿Qué te pudo haber sucedido, mi Norberto? —se preguntaba una y otra vez.

Mientras pensaba en su ausente felino, se arreglaba el cabello para ir a un restaurante con sus amigos de la universidad. Su tristeza le hizo perder el apetito y sus amigos querían ayudarla. Pensaron que tal vez llevarla a un restaurante que a ella le gustara mucho, le devolvería las ganas de comer. No solamente le devolvió las ganas de comer, sino que le dio la oportunidad de abrir su corazón nuevamente.

Cuando abandonaban el lugar, encontraron a un pequeño gatito de color negro y blanco. Parecía que estaba vestido de etiqueta. Se le quedó mirando a Danita y le robó el corazón. Ella lo tomó en sus brazos y se lo llevó a vivir a su apartamento, aun cuando no le permitían llevar mascotas. Lo nombró Cachao, en honor a uno de los intérpretes de jazz latino que tanto le gustaban a ella y a su hermano.

Cuando lo llevó por primera vez a la casa, rápido corrió hacia donde estaba Bolito, como si lo conociera. Era muy activo y juguetón. Quería jugar a las peleas con Bolito, pero este no se lo permitía. El admirable felino había conseguido vivir cuatro meses más de los tres que le habían dado de vida, pero su condición era peor cada día. Ya le faltaba gran parte de su boca. El dolor le impedía jugar y morder como Cachao hubiese querido. Sin embargo, luego de varios intentos por parte del pequeño, logró hacerlo entender.

—No puedo jugar contigo así. Lo siento —alejó al minino

con su pata.

—¿Por qué? ¡Quiero jugar! —el minino intentaba acercarse.

—Cachao, deja a Bolito. Está enfermo —le dijo Tomy al novato felino.

Cachao se detuvo cuando Tomy le llamó la atención. Se le quedó mirando a Bolito y se tumbó a su lado. Extendía sus delgadas patas para tocarlo. Bolito respondía haciendo lo mismo. Tomy y Danita los observaban para intervenir si el pequeño intentaba lastimarlo nuevamente.

—¿Estás enfermo? —preguntó Cachao.

—Tengo una enfermedad que se llama cáncer. Mira mi rostro. ¿Ves? Me falta parte de mi boca. Me duele mucho. Por eso no puedo jugar contigo de la manera que tú quisieras. Me puedes lastimar y voy a sufrir mucho. ¿Entiendes? —se acercó un poco más a Cachao.

—Lo siento mucho. No sabía que te lastimaba —inclinó su cabeza.

—No te sientas mal. Podemos lamernos con cuidado, tocarnos nuestras patas. También puedes jugar con mi cola y además puedes dormir a mi lado —el minino comenzó a jugar con la cola de Bolito.

—Tomy, mira lo que está haciendo —Dana señaló a Cachao—. ¿Lo llevo al cuarto con Soky?

—No, déjalo. Parece que a Bolito le gusta. Cualquiera diría que le dio permiso para que jugara con su cola —los observó sonriendo—. Además, Soky no lo soporta mucho. Hay que darle tiempo para que se acostumbre a él.

Bolito, como había hecho con otros gatitos y con Mily, se encargó de cuidar de Cachao y hacerle compañía. Lo vigilaba para que no se fuera muy lejos cuando salía a jugar. No quería que volviera a ocurrir algo parecido a lo que sucedió con Norberto. Quería enseñarle lo más que pudiera antes de que le tocara partir. Bolito hacía un esfuerzo superior para continuar comiendo, pero cada vez era más difícil. Además, era natural que el cáncer se terminara esparciendo por otras partes de su cuerpo. Todos se sorprendían por la serenidad del felino. No se quejaba ni dejaba de luchar. Pudo haber fallecido en los tres meses, pero él sabía que su familia lo necesitaba. Tenía que aguantar un poco más.

PRIMERA DESPEDIDA

—Duerme, mi vida. Duerme, mi corazón. Estoy contigo, mi amor. Duérmete, por favor —Betty improvisaba un canto al ritmo de la mecedora con Bolito en brazos.

La condición de Bolito empeoraba. Había perdido más de la mitad de su boca y ya se estaba deformando su nariz. Los pedazos de comida se le caían porque no podía sostenerla. Su lengua ayudaba, pero el dolor y la ausencia de tejido le impedían tener una buena calidad de vida. Sin embargo, él lo seguía intentando.

El dolor se intensificaba en las noches. Era imposible que no llorara. Betty se despertaba con sus agudos maullidos. Lo tomaba en sus brazos, lo llevaba a la mecedora y le cantaba hasta que se quedaba dormido.

—Mi querida Betty, cuidándome una vez más —pensó el felino antes de cerrar los ojos.

En la mañana, el minino se despertaba más tranquilo y con menos dolor. Betty le preparaba su desayuno y lo mezclaba con las medicinas que tenía que tomar. La mujer se enternecía al ver al minino esforzarse por comer, a pesar de lo difícil que parecía.

—Tú eres el gato más valiente del mundo —pensó.

Bolito dejó de comer cuando escuchó el ruido del teléfono de Betty. Se trataba de una llamada de Tomy, y parecía que de alguna manera el listo gato lo sabía. Se quedó cerca de su cuidadora y escuchó la conversación.

—Tomy, mi amor. ¿Ya vienen en camino? —Bolito maulló.

—Ya estoy cerca. Estaremos en la casa como en veinte minutos. ¿Ese es Bolito? —preguntó el joven mientras conducía.

—Sí. Escuchó el sonido del teléfono y se sentó a mi lado. Estoy segura de que sabía que eras tú —le acariciaba la frente al minino.

—Tan inteligente, mi Bolito —guardó silencio—. Mamá, ¿cómo lo ves? —preguntó preocupado.

—Tomy, no te voy a mentir. Él está sufriendo. Por alguna razón sigue comiendo y luchando por vivir, pero tú has visto cómo tiene la boca y la nariz. Todas las noches llora de dolor. Lo llevo a la mecedora para cantarle y lograr que se quede dormido —Betty escuchó el suspiro de su hijo.

—Yo no quiero que sufra ni que llore de dolor por las noches. No es justo para él ni para ti, que lo has cuidado tanto.

—A mí no me molesta cuidarlo. Si lo tuviera que hacer por mil años lo haría, pero me parte el corazón verlo así. ¿Sabes? Cuando lo escucho llorar desesperado, me recuerda a tu abuelo Tom, cuando estaba en cama con el tubo de alimentación. A veces parecía que el tubo se tapaba y hacía un sonido que nos causaba angustia y desesperación, a los dos. Esa misma sensación la tengo con Bolito.

—No quisiera verlo como tuvimos que ver a papá Tom. Voy a dejarlo que salga al patio y que disfrute sus últimos días. Quiero aprovechar mi regreso para pasar esos días con él hasta que llegue el momento de ayudarlo a partir —guardó silencio. Mamá, estoy a punto de llegar. Te veo en la casa —colgó.

Betty colocó el teléfono en la mesa de la sala. Bolito se le quedó mirando y maulló. Ella sonreía y admiraba sus ojos. Siempre había dicho que el minino tenía unos ojos tan hermosos como los de un actor de telenovelas que a ella le gustaba mucho. No sabía cómo iban a acostumbrarse a la ausencia de esos ojos que portaban una mirada tan honesta y profunda.

—Mi amor, no te lo había dicho, pero Tomy viene a vivir con nosotros mientras estudia su maestría. En unos minutos va a llegar con Danita y entre los tres te vamos a cuidar —el minino maulló y caminó hasta la puerta de vidrio—. ¿Quieres salir para estar con Mily? —volvió a maullar y Betty le abrió la puerta.

Bolito ya sabía que Tomy regresaba a vivir con ellos. El mismo joven se lo había contado. Danita también le contó que iba a regresar a la casa. Soky estaba feliz porque ya no iba a dormir sola. Desde que murió Norberto, se le hacía tan difícil dormir. Betty le dejaba una pequeña luz encendida porque pensaba que a lo mejor eso no la hacía sentirse tan sola. No sabía lo agradecida que estaba la pequeña gatita por esa pequeña luz que le daba calor y compañía.

—Esa luz eres tú, mi querido hermanito —decía antes de cerrar los ojos y encaminarse al sueño.

Por otro lado, Pinti había tomado de buena manera el hecho de que de ahora en adelante tendría que compartir su cuarto con Bolito y con Mily. Bolito los había reunido a todos y les explicó que presentía que pronto partiría para encontrarse con Spongy y con Norberto.

—Mis queridos mininos, creo que ya saben por qué los estoy reuniendo, ¿verdad? —todos se le quedaron mirando y luego bajaron la cabeza—. No estén tristes, por favor. Lo único que tienen que hacer es recordarme, como lo hacen con nuestros dos amigos que partieron.

—¿Cómo sabes que vas a irte de nuestro lado? —preguntó Pinti sin levantar la mirada.

—Mírame, querida amiga —la minina levantó la cabeza—. Yo he luchado en contra de esta enfermedad que me iba a causar la muerte hace seis meses atrás. Me daban tres meses de vida y ya he vivido nueve. ¿Por qué? Porque necesitaba seguir viviendo por nuestra hermosa familia. Betty se había quedado sola en la casa porque Tomás la abandonó, y Danita y Tomy estaban viviendo en otro lugar. Nuestra Betty tuvo que fortalecerse por mí, para mantenerme sano y apaciguar mis dolores. Yo necesito dejar a esta familia bien antes de partir. Ahora que Danita y Tomy regresan, es mi momento de descansar. Ya Betty no va a estar solita y Tomy y Dana van a tener la oportunidad de estar conmigo por un tiempo más. Mi hora llegó hace tiempo, querida Pinti. He estado tomando tiempo prestado, pero mi cuerpo ya no aguanta más —Soky se acercó.

—¿Te vas a ir al lago a morir como murió Norberto? Ese lago me da mucho miedo —Bolito la miró a los ojos.

—No voy a ir a morir al lago, Soky. De hecho, les quiero pedir que ninguno vaya a ese lago. Tienen que mantenerse alejados de él. ¿Me escuchaste bien, Cachao? —Cachao levantó la cabeza y miró a su amigo.

—No voy a ir, aunque me muera de curiosidad —Mily lo interrumpió.

—Creo que todos conocemos el refrán de la curiosidad y el gato. Mejor obedece a Bolito —Cachao volvió a su lugar.

—Nuestro amado Tomy es un joven lleno de amor y generosidad. Por eso sé que él va a tomar la decisión de ayudarme a partir en el momento ideal —los mininos se escandalizaron.

—¿Te va a matar? —preguntó Soky.

—¡No! ¿Cómo vas a pensar eso? Tomy no asesinaría ni a una hormiga. ¿Sabes cuántas paradas hacía en nuestros viajes para mover los sapos que estaban en medio de la carretera? —Soky se quedó pensando.

—No sé, pero jamás pensé que Tomy defendiera a los sapos, con el miedo que me dan. ¡Una vez tres sapos me persiguieron y me tuve que subir a un árbol, y luego no me podía bajar! —Pinti la interrumpió.

—Soky, deja que Bolito siga hablándonos.

—Perdón, Bolito.

—Está bien, Soky. No te preocupes. Les decía que Tomy no me va a matar. Existe algo que se llama eutanasia. Lo usan, entre otras razones, para que los animales que están sufriendo, como yo, puedan partir de una manera digna y tranquila —los mininos se miraron.

—¿Cómo sabes todo eso? —preguntó Cachao.

—Cachao, Bolito lo sabe todo, pero nunca te va a decir por qué conoce tanto —comentó Mily.

—Simplemente lo sé. Digamos que he vivido mucho. Eso es todo —se recostó y suspiró.

—¿Te sientes mal? —preguntó Soky mientras se acercaba a oler al minino.

—Estoy cansado. Es solo eso.

—¿Qué haremos sin ti? —preguntó Cachao.

—Recordarán todo lo que les he enseñado y estarán bien.

Bolito se había encargado de dejar todo en orden. Parecía como si fuera el líder de la familia. A pesar de su tamaño, de maullar y de caminar en cuatro patas, había conseguido enseñarles a esos jóvenes a ser mejores seres humanos. Los estaba preparando para vivir una vida fundamentada en el amor y la compasión. Y a sus amigos, los felinos, los dejaba en las mejores manos.

***

—Bolito, vamos a explorar el patio. ¿Quieres? —Tomy esperaba a Bolito con una cámara de vídeo en la mano.

—¡Miau! —el minino corría al patio como si no estuviese enfermo.

—¿Sabes? Cuando Danita y yo éramos pequeños jugábamos a que había un tesoro oculto. ¿Quieres buscar el tesoro conmigo? —Bolito respondía con maullidos cortos y repetidos.

Tomy se había propuesto seguir a Bolito a todas partes con una cámara de vídeo. El dolor de perderlo no se iba a compensar con cerrar los ojos y recordarlo. Necesitaba verlo con los ojos abiertos y junto a él. Se le ocurrió que salir al patio cada día a grabar una pequeña aventura junto a su gran amigo, podría amortiguar el golpe tan fuerte que le esperaba el día de la eutanasia.

El gatito seguía comiendo y viviendo para mantener a su familia sonriendo, pero le estaba costando mucho dolor y trabajo. El joven logró su misión. Tenía archivos con muchas horas de las aventuras de Bolito. Esos archivos se habían convertido en el tesoro de Tomy.

***

—Danita, acabo de llamar a la oficina del doctor Doncel. Él puede llevar a cabo la eutanasia de Bolito —Danita y Tomy comenzaron a llorar—. Ya no puede seguir sufriendo, Danita. No podemos ser egoístas —decía el joven entre sollozos.

—¿En dónde lo vamos a enterrar?

—En su lugar preferido —Dana asintió ante la respuesta de su hermano—. Voy a buscar una pala para hacer el hoyo. No voy a tener fuerzas para hacerlo mañana.

—Yo le quisiera escribir un poema —dijo la joven mientras colocaba en la mesa del comedor su cuaderno.

—Escríbele algo bonito —colocó su mano derecha en el

hombro izquierdo de su hermana.

—Yo sé que mis poemas son horribles, pero tengo la necesidad de escribir —se limpió sus lágrimas con la manga de su suéter.

—Eso no importa. Escribe para él, solo para él —se retiró a sacar la tierra para la tumba de su amigo.

Dana se sentó en la mesa del comedor mirando a Bolito, que estaba dormido en la sala. A la joven le costaba creer que ya no lo iban a volver a ver. Su respiración tan serena le ayudaba a calmar la suya propia. ¿Cómo sería la vida sin él? ¿Por qué no lo pudieron tener por más tiempo? Se hacían ese tipo de preguntas una y otra vez. La verdad es que Bolito llevaba viviendo con ellos por nueve años, pero él era mayor. El doctor Monge le dijo a Tomy que podía tener unos catorce o quince años. Ellos desconocían que el minino había vivido en otras casas con otras familias, mientras seguía su camino para encontrarlos a ellos.

Danita caminó hasta la ventana de la cocina y pudo ver a su hermano preparando el lugar que le daría descanso al cuerpo de Bolito. No podía contener las lágrimas. Regresó a la mesa del comedor y tomó el lápiz de madera en su mano derecha. Empezó a escribir sin detenerse, y obtuvo unos versos que, aunque no eran perfectos, recogían el dolor que estaban viviendo aquellos jóvenes porque su amigo iba a fallecer:

A Bolito...

Estoy contando el tiempo
Que me queda a tu lado,
Pues mis ojos están viendo
Que tu tumba ya ha cavado.

Me enfurezco con la vida
Aunque no soy iracunda.
Está ensanchando esta herida
Y haciéndola más profunda.

—No puedo escribir más. Mañana lo voy a terminar —soltó el lápiz y se fue a acompañar a su hermano.

EL ADIÓS...

Tomy había salido de la última clase que le quedaba en el día. Danita lo estaba esperando recostada en posición fetal en uno de los bancos del pasillo del edificio de ingeniería civil. Quería detener el tiempo. Le costaba aceptar el destino de Bolito, un destino que ellos mismos habían ayudado a construir. Tenían que ayudarlo a no sufrir más.

—Danita, vamos. Tenemos que salir de aquí bien rápido para ir a recoger a Bolito y regresar a tiempo a la clínica del doctor Doncel —los ojos de miedo de Dana le rompieron el corazón a Tomy.

—Yo también tengo miedo, Danita. Tengo miedo de la vida sin él.

La distancia desde la universidad hasta la casa era de treinta minutos. Esta vez se le hizo más corta de lo normal. Tomy le contaba a su hermana sobre las clases y los proyectos que tenía que hacer. Ella lo escuchaba y le hacía preguntas. Así no pensaban en lo que estaba por suceder. Sin embargo, el vehículo siguió su marcha al ritmo de la conversación, y en menos de lo que pensaban estaban en la entrada de la casa. Por la escalera bajaba Betty cargando a Bolito en una jaula, con los ojos hinchados de tanto llorar. Miró las caras tristes de sus hijos y se sintió mal porque estaba segura de que el llanto era contagioso. En cuanto se acercara para entregarles al felino, sabía que sus niños llorarían sin límite. Antes de que Dana abriera la portezuela, su madre se acercó a la rejilla de la jaula, metió un dedo y dejó que el minino la oliera.

—Vas a estar bien, mi amor. Te amo —Dana abrió la portezuela—. Vayan con cuidado, por favor —le entregó la jaula y los observó hasta que el vehículo desapareció.

Tener a Bolito en el auto les provocaba la sensación de que se acercaba el momento de no volverlo a ver. ¿Cómo hacer para no llorar? Era imposible. Ellos no querían que el minino los viera llorar, pero si se privaban del llanto, iban a estallar. Lo amaban tanto, que cualquiera de los dos hubiese tomado el lugar del minino. Pensaban que, si alguien era merecedor de vivir para siempre, ese era Bolito. No había ser más puro y noble que él. Jamás se iban a cruzar con alguien igual.

—Danita, déjalo salir de la jaula. No me gusta que esté encerrado. Así se entretiene mirando por la ventanilla. A él le encanta hacer eso.

—Ven, Bolito —Danita abrió la jaula y el minino salió al instante.

—¡Miau! ¡Miau! ¡Miu! ¡Miu! —caminaba y maullaba como el primer día que llegó a la casa.

Bolito logró transportar a Dana y a Tomy al momento que lo conocieron. Recordaron cuando los gatitos lo rodearon para pegarle y ellos lo defendieron. Lo podían ver comiendo desesperado, porque estaba muerto de hambre. El mal recuerdo de las tres veces que Tomás lo echó de la casa se disipó con la imagen de todas las aventuras que vivieron. En ese momento entendieron que Bolito los amaba con locura. Se llenó de llagas para poder estar con ellos. Venció el pronóstico de vida que le dio el veterinario solo para hacer feliz a sus queridos niños, para ayudar a Betty y cuidar de los felinos. ¿Se tropezarían con alguien así en la vida? Ellos sabían que no.

—Ya estamos cerca —dijo Tomy mientras cruzaba la universidad.

—¡Miau! ¡Miu! ¡Miu! —el minino maullaba mirando por la ventanilla.

—¿Qué sucede Bolito? —preguntó Dana mientras lo sostenía.

—¿Le estará maullando a esa muchacha que va por esa acera? —preguntó Tomy.

—¿Te cae bien esa muchacha, Bolito? —pinchó su labio inferior con sus dientes superiores y miró a su hermano—. ¿Tú crees que él sepa lo que le va a suceder? —preguntó la joven llorando.

—Se ve tan feliz y tan tranquilo. No sé —los ojos de Tomy se humedecieron.

La clínica del doctor Doncel quedaba cerca de la universidad. Tomy se estacionó y se quedó un momento mirando el volante, como paralizado. Dana sabía que su parálisis era el producto del miedo a salir del vehículo para entrar a la clínica. No le dijo nada. Abrazó al minino mientras su hermano superaba ese momento. Luego de una profunda inhalación, el joven giró su cabeza hacia su derecha y miró a Danita a los ojos. Asintió al mismo tiempo que extendió sus manos. Bolito caminó hacia él y dejó que lo abrazara. El joven contuvo las lágrimas.

—Danita, vamos a meterlo en la jaula para bajarlo —la joven acercó la jaula que estaba en el asiento trasero.

—Vamos, Bolito. Entra —el minino obedeció el pedido de Tomy.

—¿Vamos? —preguntó la joven con su mirada fija en la rejilla de la jaula.

—Vamos —se bajaron del auto y entraron a la clínica.

Tomy se acercó al mostrador para hablar con la secretaria. No se fijó en cómo era la mujer. Su mente estaba en el futuro, pues ya se veía enterrando el cuerpo de su amigo en la tumba que había cavado el día anterior.

—Dígame. ¿En qué le ayudo? —preguntó la simpática mujer.

—Vengo porque... Bueno, necesitamos que el doctor Doncel ponga a dormir a un gatito —tragó luego de hablar.

—Usted llamó ayer, ¿verdad?

—Así es. Es un gatito que tiene cáncer —su mirada fija en el mostrador le arrugó el corazón a la mujer.

—Pasen por aquí. Debe llenar esta información. El doctor pronto estará con ustedes —les abrió la puerta de una sala para que pasaran—. Lo siento mucho —dijo sinceramente.

—Gracias —dijeron los hermanos a coro.

Tomy sacó a Bolito de la jaula. Odiaba tenerlo encerrado, a él y a cualquier animal. Siempre le decía a su hermana que él se imaginaba estar encerrado en un lugar donde no pudiese dar un paso, y se asfixiaba de solo pensarlo. Entonces, no podía permitir que otros sufrieran lo que él consideraba que era injusto para él mismo. Lo subió a la mesa de acero inoxidable. El doctor Doncel se presentó junto a una asistente que llevaba un uniforme azul cielo. El cubículo también estaba pintado de tonos azules: la mitad inferior de azul marino y la superior de un azul parecido al del uniforme de la asistente. El veterinario tenía una bata blanca sobre un uniforme del mismo tono del de la mujer. A los hermanos les daba la ilusión de estar mirando el mar y el cielo. No se sabía si ese era el propósito de esos colores, pero se sintieron más relajados.

—Bueno, veo que este gatito tiene cáncer. ¿Cuándo se lo descubrieron? —preguntó el doctor Doncel.

—Se lo descubrieron hace diez meses. Le dieron de dos a tres meses de vida —contestó Tomy.

—¿Tuvo algún tratamiento? —el doctor observó con asombro la deformación en la nariz y la ausencia de la parte inferior de la boca de Bolito.

—Sí. Fue paciente del doctor Monge —la asistente y el doctor se miraron.

—¡Guau! Entonces, tuvo un buen tratamiento. El doctor Monge es una eminencia —Tomy asintió—. Bueno, si el doctor Monge lo vio y ya no se puede hacer nada, entonces han tomado la mejor decisión. Además, sobrepasó la expectativa de vida. Deben sentirse bien por los cuidados que le dieron. Se ve que ha vivido bien. Hasta gordito está —los chicos sonrieron—. Les voy a explicar. Él no va a sufrir. Yo lo voy a sedar y cuando ya esté bien dormido, le administraré la otra inyección —los chicos entendieron perfectamente a qué se refería con la otra inyección—. Yo les voy a dar todo el tiempo que necesiten para que se despidan —abandonó la sala junto con su asistente.

Tomy y Dana extendieron su mano para acariciar al parlanchín minino. Maullaba sin cesar, como si les estuviese diciendo algo. Los hermanos sonreían entre lágrimas. Danita lo abrazó y lo besó, y Tomy hizo lo mismo. De momento, el minino dejó de maullar y se quedó sentado en la mesa, como si les hubiese indicado a sus niños que ya era hora de dejarlo ir. Tomy buscó al médico para decirle que ya podía hacerlo. El doctor regresó con su asistente, que sostenía ambas inyecciones.

—Ven, minino. Todo va a estar bien —Bolito no se resistió—. Es un gatito bien bueno —añadió.

—Todos los veterinarios que lo han visto, nos han dicho lo mismo —dijo Tomy con su vista clavada en el rostro de Bolito.

Los hermosos ojos del valiente gatito comenzaron a pestañear poco a poco hasta cerrarlos por completo. Su cuerpo se tumbó en la fría mesa de acero inoxidable. Ya estaba sumergido en un sueño de recuerdos, donde recorría todo lo que había vivido, sus amigos y aventuras. La respiración tan pacífica iba a tono con el cubículo, pero no con lo que los chicos estaban sintiendo. Se les estaba saliendo el alma por la boca. El pecho se les apretaba, y volvieron a sentir miedo, un miedo irremediable mezclado con impotencia.

—Ahora voy a administrar la segunda inyección.

La aguja brillaba. Tomy les tenía fobia a las inyecciones. Danita, por el contrario, como se enfermaba tanto, estaba acostumbrada a verlas. Pero esa aguja tenía el poder de quitarles la vida, lo más hermoso que les había pasado. Con su líquido mortal se iban ilusiones, alegrías y esperanza. Sentían que se quedaban vacíos. No obstante, no había nada que hacer. Bolito no merecía seguir sufriendo por ellos.

—Voy a darles todo el momento que necesiten para que estén junto a él. Me imagino que quieren llevarlo con ustedes —preguntó con una voz más suave.

—Sí, lo vamos a enterrar —contestó Tomy.

—Bueno, pues les dejo con él. Estaré en mi oficina —se retiró de la salita.

Cuando el doctor abandonó el cubículo, Dana y Tomy se acercaron al minino. Tomy acariciaba su cabeza y Dana su espinazo. Ya se había ido. Lo notaron porque dejó de respirar. Sentían que sus corazones estaban recibiendo una paliza, y si no lloraban, se iban a morir. El llanto se apoderó del lugar. Era imposible no dejar que se escuchara. Les dolía el alma, o lo que les quedaba de ella. La asistente, una joven mujer de piel canela y cabello moreno, entró con dos pañuelos desechables. Su rostro estaba triste al ver a aquellos jóvenes sufriendo por su querido minino. Les entregó los pañuelos y se quedó observándolos. No sabía qué más hacer. Estaba siendo testigo de un dolor genuino. Lo amaban de verdad, pensó.

—Si necesitan algo, no duden en decirme —dijo la asistente.

—¿Puede decirle al doctor que ya nos lo queremos llevar? —preguntó Tomy luego de limpiar su rostro con el pañuelo desechable.

—Claro. Vendrá enseguida.

Tomy y Dana salieron del cubículo. La secretaria los estaba esperando en el mostrador. El joven pagó por los servicios mientras Dana esperaba en silencio, sentada en la sala de espera. Tomy se sentó junto a ella. Ambos miraban las losetas del suelo. No podían levantar la mirada. De repente, la puerta de entrada al cubículo se abrió. Era la asistente con la cajita que contenía el cuerpo inmóvil de Bolito. Tomy se levantó y extendió sus manos para cargar a su gran amigo. Salieron en silencio. El joven abrió la portezuela trasera y colocó la cajita en el asiento. Iban directo a enterrarlo.

EL ENTIERRO

Cuando Betty escuchó el sonido del automóvil de Tomy, salió a recibirlos. Sus ojos estaban más hinchados que antes. Comenzó a llorar cuando Tomy sacó la cajita. Querían enterrarlo lo más pronto posible.

Llevaron la caja hasta la tumba y allí se encontraba Bolito en espíritu, esperando a que enterraran su cuerpo para poder irse tranquilo. Observó hasta el último pedazo de tierra que cubrió su tumba. Tomy se quedó sosteniendo la pala con su mano derecha y mirando la tumba junto a Danita y Betty. El minino los observaba, en paz, con su nariz y boca intactas. Se le veía tranquilo. Cerró sus ojos y desapareció.

Betty se metió a la casa cuando notó que Tomás venía caminando de casa de su madre. Tomy y Dana se dirigieron al automóvil a buscar las mochilas y los libros de la universidad. Tomás no pudo ignorar los rostros lagrimosos de sus hijos y se acercó a ellos.

—¿Qué pasó? —preguntó con voz calmada.

—Acabamos de enterrar a Bolito —contestó Danita.

— ¿Se murió Bolito? —estaba sorprendido.

—Fue eutanasia. Ya estaba muy mal —contestó la joven.

—¿En dónde lo enterraron? —preguntó a su hijo.

—En la pequeña colina que a él le gustaba —contestó sin levantar la cabeza.

Tomás no sabía qué más preguntar. Su ausencia lo había eximido de enterarse de la salud de Bolito. Dana notó en su mirada un poco de tristeza. El avergonzado padre suspiró casi en secreto y se marchó a su cuarto de herramientas a buscar algo. Luego se regresó a casa de su madre. Los hermanos entraron a la casa. Betty estaba encerrada en su cuarto. Tomy se sentó en la mesa del comedor y colocó sus manos en su frente apoyando los codos en la mesa. Danita se fue a la sala con su libreta y su lápiz para continuar su poema. Cuando lo terminó, se levantó y se lo dio a su hermano.

—Tomy, aquí está el poema. Cuando quieras, lo puedes leer —su hermano tomó el cuaderno en sus manos y lo leyó enseguida.

A Bolito...

Estoy contando el tiempo
Que me queda a tu lado,
Pues mis ojos están viendo
Que tu tumba ya ha cavado.

Me enfurezco con la vida
Aunque no soy iracunda.
Está ensanchando esta herida
Y haciéndola más profunda.

Hoy el cielo está llorando;
Un arco iris aparece,
Y tú irás caminando
Por ese puente que crece.

Camina, te estoy mirando
No temas, estoy contigo.
¿Escuchas? ¡Están maullando!
¡Sí, son tus nuevos amigos!

Ahí está el blanco, te espera
Con un salmón en sus patas.
Te lo regala, de veras
Por robarte aquella rata.

Adiós amigo querido.
Tú fuiste el ser más valiente.
Llegaste al final herido,
Mas no inclinaste la frente.

Por Dana
Dedicado a Bolito: el ser más noble que pisó el suelo de esta tierra.
3-4 / septiembre / 2007
6:50 pm

Tomy miró a su hermana y asintió llorando. Sabía que todo lo que decía ese sencillo poema era cierto. Bolito era el ser más noble que habían conocido. Danita lo abrazó y lloraron juntos la partida del minino que los rescató.

MÁS ALLÁ DEL ARCO IRIS

Tal y como decía el poema de Danita, Bolito cruzó un arco iris y llegó a un lugar hermoso lleno de gatos. Fue recibido por Norberto y Spongy. Norberto le ofreció un rico salmón.

—¿Eso es para mí? —preguntó emocionado.

—Claro. Te lo debo por todas las ratas que te robé para darme crédito de cazador —dijo el minino.

—¿Y ese salmón lo atrapaste tú solo? —preguntó el sonriente felino.

—¡Claro! En este lugar soy el más valiente y el mejor cazador. Bueno, hasta hoy, porque llegaste tú.

—¿Sabes? Quédate con el título. Yo seré tu ayudante —Norberto saltó lleno de emoción.

—Querido amigo —dijo Spongy dirigiéndose a Bolito—, ¿viste mi rostro? Está nuevo. No hay hinchazón ni dolor.

—Pareces lo que siempre fuiste: un gato galán —Spongy se echó una carcajada y se tumbó en el suelo a descansar.

Bolito se acercó a unos charquitos de agua cristalina y observó su reflejo. Notó que su rostro estaba completo. Ya no tenía la nariz deformada y a su boca no le faltaba nada. Sentía como si notas musicales salieran de cada pelillo de su cuerpo. Ver a Norberto y a Spongy lo hacía sentirse como en familia. También tuvo la oportunidad de ver a lo lejos a su madre gata y a sus hermanas y hermano, pero ellos no lo reconocieron. De momento, divisó una figura humana que se acercaba a él, como si levitara.

—¡Rocky! ¿Eres tú? —Bolito se emocionó al ver a su amigo Fernando, aquel hombre que se disfrazaba de mendigo.

—Fernando, ¿qué haces aquí? ¿Falleciste? Pero yo pensé que te habías ido... —el hombre lo interrumpió.

—Me dejaron venir a verte. Después de todo, gracias a ti pude partir tranquilo con mis amigos —le acarició la frente a Bolito.

—Me alegra verte, amigo. De verdad —dijo el felino.

—¿Y a mí? ¿No te alegras de verme? —Bolito se volteó y se

quedó inmóvil de emoción.

—¡Gregorio! Te ves exactamente como cuando te conocí. ¿Cómo está Abigaíl? —preguntó el emocionado minino.

—Mi querida amiga está muy bien. Me cuidó y me dio la mejor vida. Su sueño de tener un refugio se hizo realidad. Pienso mucho en ella, pero no quiero verla para nada. Ella necesita quedarse allá por más tiempo. Los animalitos de la calle la necesitan —Bolito le interrumpió.

—¿Recuerdas que buscaba mi casa? La encontré y viví feliz. Mi familia me amó y también hice buenos amigos. Dos de ellos están aquí. Ven para que los conozcas. ¡Norberto! ¡Spongy! Vengan para que conozcan a dos de mis amigos. Les hablé de ellos en mis anécdotas —Norberto y Spongy se acercaron.

Bolito pasó un agradable momento en ese lugar donde el tiempo y la tristeza no existían. Encontró una mini colina igual a la que tenía en su casa. Se alejó y se sentó en la réplica de su lugar preferido. Frente a él solo había nubes y un arco iris. Una de las nubes se separó y le mostró a Betty y a Tomás juntos, abrazados. Bolito sintió una gran felicidad. Otra de las nubes se separó también para mostrarle a Tomy y a Danita juntos, entrando al cine.

—Mi querida Betty, me cuidaste dos veces sin saberlo. Mereces ser feliz. Y mi Tomás, espero que hayas aprendido algo de mí, aunque haya sido en mi vida de gato —suspiró y volvió a mirar a Danita y a Tomy—. Mis queridos niños, espero que algún día me permitan regresar para volver a estar con ustedes, y quiero que sea nuevamente en el cuerpo de un felino, porque viendo la vida a través de estos ojos de gato fue que aprendí a ser un mejor ser humano.

ACERCA DE LA AUTORA

Yarimar Padua reside en Puerto Rico. Desde los seis años de edad comenzó su pasión por la escritura. Cursa estudios universitarios en ciencia animal y posee dos grados de bachiller: literatura comparada e ingeniería civil. Siempre le han fascinado los temas de fantasía, ciencia ficción y drama. Como parte de su vida diaria trabaja en su propio taller de manualidades, costura y joyería, y ayuda a los animales menos afortunados. En su tiempo libre le gusta dibujar, tomar té al aire libre y fotografiar paisajes. *Buscando el Camino a Casa* es su segunda novela.

Made in the USA
Las Vegas, NV
07 December 2022

61414072R00139